2020江西省教育厅科技项目"江西省金溪县传统村落保护模式研究"
获得江西省哲学社会科学重点研究基地——九江学院江西长江经济带研究院资助

金溪传统村落保护开发实践研究

朱民　李松志　宋婷　雷彬　著

东南大学出版社
SOUTHEAST UNIVERSITY PRESS
·南京·

图书在版编目(CIP)数据

金溪传统村落保护开发实践研究 / 朱民等著. —南京：东南大学出版社，2023.12
 ISBN 978-7-5766-1089-5

Ⅰ. ①金… Ⅱ. ①朱… Ⅲ. ①村落－保护－研究－金溪县 Ⅳ. ①K925.64

中国国家版本馆 CIP 数据核字(2023)第 248580 号

责任编辑：胡中正　　责任校对：韩小亮　　封面设计：毕真　　责任印制：周荣虎

金溪传统村落保护开发实践研究

Jinxi Chuantong Cunluo Baohu Kaifa Shijian Yanjiu

著　　者：	朱民　李松志　宋婷　雷彬
出版发行：	东南大学出版社
社　　址：	南京市四牌楼 2 号　（邮编：210096　电话：025-83793330）
网　　址：	http://www.seupress.com
出 版 人：	白云飞
电子邮箱：	press@seupress.com
经　　销：	全国各地新华书店
印　　刷：	广东虎彩云印刷有限公司
排　　版：	南京布克文化发展有限公司
开　　本：	787 mm×1092 mm　1/16
印　　张：	10.5
字　　数：	206 千字
版　　次：	2023 年 12 月第 1 版
印　　次：	2023 年 12 月第 1 次印刷
书　　号：	ISBN 978-7-5766-1089-5
定　　价：	58.00 元

本社图书若有印装质量问题，请直接与营销部联系，电话：025-83791830。

前言

笔者与课题组成员自2019年7月开始,在不同时间段对金溪县传统村落进行了调研走访。选择金溪县的传统村落作为保护开发活化利用对象进行研究和撰写著作,一方面是因为金溪县128座传统村落的数量雄踞江西省乃至全国县级传统村落之前列,形成了金溪县的"传统村落群",具有保护开发利用途径的共性和个性;另一方面是因其部分村落作为保护与开发的成功模板,对其他传统村落的发展及活化利用途径具有指引和研究价值,同时也能吸引政府、行业部门、专家学者和游客村民等大众去关注和借鉴应用,从而形成良好的"产—学—研"循环价值,促进国家乡村振兴战略的具体实施。

传统村落及其古迹、古文化是中华传统农耕文化在世传承体,是多代村民生产生活风俗习惯的多年延续,是乡村民生繁荣、经济腾飞的平台,是国家富强和进步发展的基石。然而当下虽有乡村振兴战略作为国家级农村经济开发的大背景,传统村落"空心村""老屋破败""产业凋敝""无人问津"等问题仍然异常突出,地方政府管理上的政策缺失、资金的紧张、专业运营团队的缺乏、产业的单一、多方利益的不平衡等问题时时刻刻阻碍着传统村落古迹和古文化的保护与传承,既无保护,何来开发?既无开发,保护何来?这些问题亟待关注、研究和解决。

放眼全国,沿海地区特别是苏浙沪等地的景区或传统村落,优势在于其一不缺资金、二不少运营、三不落宣传、四有人光顾。除专业的第三方运营、旅游业态设计和基础设施建设外,大量的资金投入景区景点的宣传以增加其知名度,很多景区基本都是因宣传而从零开始形成流量和热度。民众从未知到好奇奔赴，可能仅仅是因为从各种媒体上知晓此地而欲观之，至于此景点或传统村落特色何在，事先并不知情，均为"去了再说"。相对比而言，江西传统村落数量全国排名前十，大部分仍然处于"酒香不怕巷子深"、忽视游客需求的弱业态经营思维中，加之资金短缺、管理混乱、专业运营匮乏，一些传统地方风气和思维阻碍，无法形成良性的景点流量和热度。苏浙沪近几年形成流量的一些古村古镇，能在古文化和特色方面超越江西传统村落的并不多，且景点和村落存在商业化过度问题，但就是不缺游客。就现实而言，没有游客，再好的景点也运转不起来。江西在此方面的领头羊当属上饶葛仙村景区以及婺源古村景区。可喜的是，近年来金溪县已有部分传统村落因其多维保护与开发创新模式，取得了基础设施建设特色。展望未来，如何形成稳定流量的传统村落旅游热点，对金溪县的传统村落保护与开发需要从多方面加以考虑。

在四年来的调研走访过程中，课题组发现金溪县传统村落具有与其他地区相似的上述保护开发问题，也有自身独特的风景和开发利用优势，具有成为传统村落保护开发样板的可能，按开发利用状况大致可分为"抢救型""申遗型"和"开发型"古村落。金溪县古村落保护开发共性问题如前文所述，目前最主要的问题则在于老屋面临倒塌破败的状况，而对其修缮的问题本质上又是资金的问题，其解决根源在于政策理顺、金融通畅；部分村落则是"修好了屋子没人用"以及"老屋没人住"的问题，村落因空心化或产业单一，无法通过旅游等产业提高村民收入，因而村落进一步凋敝只是时间问题；还有少部分村落则"无人问津"，旅游设施准备完善，因交通、宣传或是村落自身的资源以及业态问题，少有游客前来。金溪传统村落目前已经有4座走上了特色保护开发利用的路径，典型的如最早的双塘镇竹桥村，开启了传统村落旅游经济活化利用的典范，以及后期的红色后龚村、大坊荷兰创意村、数字科技游垫村等，每个村都走上了自我创新和风格迥异的活化利用模式；且这四个村都从文旅融合宣传方面做文章，在宣传推广方面投入大量经费，在笔者和课题组四年来的调研中，眼见这四个村从老旧破败或无人问津到现在的欣欣向荣、游人如织，甚感欣慰。

笔者和同事们与地方政府的住建部门、自然资源部门、文化部门、村"两委"以及村干部、村民等进行了多次面对面的交流沟通，收集了超过50份全县传统村落相关电子和纸质资料，获得了超过50份访谈记录和问卷，拍摄了超过40座国家级传统村落的无人机影像，以及大量的村落古建筑、基础设施建设等影像资料，完成了超过30期的金溪古村微信公众号推文，制作了不少于35个传统村落调研视频。对这些资料进行提炼、加工、归纳，掌握金溪县传统村落基本情况，包括概况、现状、开发利用亮点、存在的问题、建议措施等，通过分类将传统村落进行针对性剖析，以求理清具有典型发展价值的传统村落特色和活化利用途径。在调研过程中，除笔者外，课题组的李松志教授、雷彬博士、陈海龙博士、宋婷博士等，作为与政府和地方对接、管理主持考察工作、培养带领学生实践的专家学者，付出了诸多心力。学生李佳玺、徐小琴、高熔阳、沈莉莉、邱婉霞、张俐、欧阳文、胡睿涵、周舒婷、史昱丽、刘婷婷等在各位教授和博士带领下，在无人机航拍、村民访谈、微信公众号推文设计以及视频剪辑制作等方面作出很大贡献，在此向每一位为金溪传统村落付出努力的人致以最崇高的敬意。

传统村落保护与开发活化利用刻不容缓。笔者所在课题组的工作虽对金溪县传统村落的开发利用研究具有开启之意，然仍需继续努力，争取在不久的将来能够亲眼所见研究成果为金溪古村落的发展带来可行的对策。因水平有限，恳请各位专家学者批评指正。

2023年7月

于南昌市青云谱区八大山人梅湖景区

目录
contents

导论 ……………………………………………………………………………… 001
  第一节 研究背景 ……………………………………………………………… 001
  第二节 研究综述 ……………………………………………………………… 006
  第三节 基础理论 ……………………………………………………………… 013
  第四节 本书结构与研究方法 ………………………………………………… 016

第二章 金溪县传统村落聚类分析 ………………………………………………… 018
  第一节 聚类分析的概念及模式 ……………………………………………… 018
  第二节 金溪县传统村落类型 ………………………………………………… 019

第三章 金溪县应急抢救型传统村落保护开发案例研究 ……………………… 023
  第一节 合市镇崇麓村 ………………………………………………………… 023
  第二节 秀谷镇傅家村 ………………………………………………………… 028
  第三节 琉璃乡谢坊村 ………………………………………………………… 031
  第四节 琉璃乡北坑村 ………………………………………………………… 035
  第五节 本章小结 ……………………………………………………………… 040

第四章 金溪县整体保护型传统村落保护开发案例研究 ……………………… 041
  第一节 对桥乡旸田村 ………………………………………………………… 041
  第二节 石门乡石门村 ………………………………………………………… 045

第三节　浒湾镇黄坊村 ··· 050
　　第四节　其他整体保护型传统村落 ······································ 056
　　第五节　本章小结 ··· 067

第五章　金溪县活化利用型传统村落保护开发案例研究 ················ 068
　　第一节　"保护为主"——"1.0版"双塘镇竹桥村保护与开发实践分析 ···· 069
　　第二节　"红色研学文旅"——"2.0版"左坊镇后龚村保护与开发实践分析 ··· 084
　　第三节　"创意文化"——"3.0版"秀谷镇大坊荷兰创意村保护与开发实践分析 ·· 091
　　第四节　"CHCD数字遗产"——"4.0版"合市镇游垫村保护与开发实践分析 ·· 100
　　第五节　尚待定位的活化利用型传统村落 ································ 112

第六章　金溪县传统村落发展问题与困境 ····························· 130
　　第一节　共性问题：政策环境的合理性问题 ······························ 130
　　第二节　个性问题：现实差异与管理和思维 ······························ 133

第七章　"金溪经验"下传统村落发展的未来 ························· 136
　　第一节　资金的多途径筹措与长期保障 ································· 136
　　第二节　现代化要素融入古村发展 ····································· 138
　　第三节　乡村"人"的培养与向心力 ··································· 140
　　第四节　传统文化与资源的保护与传承 ································· 141
　　第五节　旅游驱动传统村落的开发与运营 ······························ 142
　　第六节　本章小结 ·· 143

结束语　赋予传统村落发展空间 ······································ 145
　　第一节　金溪县传统村落发展概况 ····································· 145
　　第二节　传统村落发展问题的思考 ····································· 148

主要参考文献 ··· 150

导 论

第一节 研究背景

一、传统村落的凋敝与消亡

传统村落,亦称古村落,是农耕文明的精华所在,印记了我国古老乡村和家园的肇始与兴旺,是中华儿女的根,是人们寄托乡愁的精神家园。其悠久的历史见证了中华五千年文化的肇始复兴,承载了村第家风的延续传承;传统村落成为乡村历史、文化、自然遗产的"活化石"和"博物馆",延续了世代连绵的族群文化。随着地区经济发展、城镇化和工业化、农业现代化的进行,传统村落面临着一系列凋敝与消亡的危机,逐渐衰落甚至消失。数据显示,我国自然村的总数由2000年的363万个,减少为2010年的271万个[1],再到2021年的267万个,不仅总量锐减,年递减率也高,消亡速度之快令人触目惊心;而传统村落的数量不及自然村总数的1%,故而消亡的概率更甚。这种状况的原因包含外部和内部因素,外部因素包括但不限于:地域生产方式和区域经济发展不平衡而无"本",生产要素的单向—多向流动引起农村普遍的劳动力流失、空心化而无"人",古建筑年久失修、缺乏规划保护而无"体",古文化后继无人、村落历史文化价值丧失而无"魂",传统生产方式与现代化生产尤其是农业生产的矛盾冲突而无"产"等。内部因素则以保护与开发问题为先,概括为"保护捉襟见肘,发展磕磕绊绊"。一些具备以产业带动经济发展潜力的传统村落在开发过程中,其本身固有的产权、管理、融资、运营等问题均影响发展,进一步带来当地民生质量的制约。因此,现存内外部问题不仅给传统村落的存在持续带来风险,成为当地发展经济和产业提升转型的瓶颈,也给传统历史文化的保留传承带来了阻碍,同时也阻滞了乡村振兴战略的贯彻与实施,因此,防止传统村落消亡凋敝、加强对传统村落的保护利用和规划开发刻不容缓。

党的十九大提出了乡村振兴的重大战略决策部署。随着《乡村振兴战略规划(2018—2022年)》以及《中华人民共和国乡村振兴促进法》的颁布[2-3],乡村振兴战略的实施为传统村落的保护与开发利用提供了适时合理、明确详细的扶持政策和具有指导意义的建设纲领。国务院于2022年颁布《中共中央国务院关于做好2022年全面推进乡村振兴重点工作的意见》[4],提出要以产业带动乡村发展,深入推进乡村各产业融合,重点发展乡村休闲旅游、农产品加工和电商等产业,这为传统村落的发展带来了前所未有的机遇和挑战。另一方面,为了对传统村落进行切实有效的保护,2012年国家首次启动"中国传统村落"保护项目,由住房和城乡建设部(住建部)、文化部、文物局和财政部联合实施,对中国传统村落进行系统调研和保护[5-7],同年,住建部印发了《关于加强传统村落保护发展工作的指导意见》。2023年3月,住房和城乡建设部等六部门公布第六批列入中国传统村落名录的村落名单。根据《住房和城乡建设部办公厅关于实施中国传统村落挂牌保护工作的通知》要求,各地要按照"一村一档"建立和完善中国传统村落档案,并于2023年9月底前完成挂牌工作[8]。为了更好地贯彻落实国家关于传统村落保护的政策法规,江西省、贵州省和云南省等地相应地设置了村落保护领导小组,形成了自上而下的金字塔型的保护体制,为传统村落保护注入了强大动能。

截止2023年,全国已有六批共8 171座传统村落列入国家级保护名录。第一批于2012年遴选出646座,第二批于2013年遴选出1 598座,第三批于2014年遴选出994座,第四批于2016年遴选出1 598座,第五批于2019年遴选出2 666座、第六批于2023年公布1 336座,其中云南、贵州、广西、湖南、浙江、山西、福建、安徽、江西和四川等省份的传统村落数量位居全国前列。虽然各批传统村落评选出炉时间间隔并不太长,但其占行政村总量比在全国范围内仍然微不足道。因而,在全国自然村数量减少的大环境下,保护传统村落传统风貌、传统文化,将其濒临消失的处境扭转,无论对政府还是民众都是一个巨大的难题和挑战。

二、传统村落的保护与发展现状

建设美丽乡村是新时代党和人民最重要的奋斗目标之一。党的"十四五"规划以及十九大、二十大都强调推进美丽中国建设。作为农耕文明重要的组成部分,传统村落以其精美的设计格局、多样的审美价值、有机的古今融合成为国内乡村一道优美的风景线,也在人们追根溯源、寻找乡愁和情感共鸣点、探索传统遗迹乃至资源价值转换等各方面成为优质资源。如何保护与发展传统村落,呵护尚存的宝贵文化遗产,挖掘传统村落颇具特色的旅游和休闲资源,增强村民群众对古村的向心力,提升人民群众的生活水平,进而增强人们的文化自信和民族自信,夯实乡村振兴基础、加速美丽乡村改造步伐,是当前的迫切任务。目前为止,传统村落的保护与发展在全国范围内主要以党和各级政府自上而下对古村进行认定、挂牌、保护和开发,简言之即"公家管",社会资源和民间村民自发保护与开发数量极少,仅在个别沿海省份的少数乡村有所报道,民众参与力量薄弱。而仅仅以政府出面的保护与开发模式在地方实施过程中,明显遇到了一系列问题,诸如管理体系问题、资金问题、产权问题、运营问题以及村民保护意识问题,存在缺钱、缺人、缺规划、缺监督等状况。各级地方政府在解读和执行中央文件和政策过程中,存在不熟悉传统村落文化价值和内涵、缺乏各级传统村落申报的积极性状况以及一系列"拆旧建新"等毁坏古建筑的荒唐之举,究其原因是监管体系不尽合理,保护意识淡薄,管控措施不到位,同时也缺乏专业人才和运营而影响其保护效果。同一座传统村落在各级地方政府的管理监督过程中,管理主体多头多样,"九龙治水"问题普遍存在,如村落的党建、产业、文化、非遗和耕地等由不同部门管理,形成各自为政、互不相干甚至互相推诿的局面,行政效率低下。社会和民间资本的介入则因一系列政策与法规和大环境状况,加之村落自身的积弊,存在一系列产权阻碍、融资渠道狭窄、专业运营缺失等问题。史上才子辈出、曾经辉煌灿烂的传统村落,一门多进士的古门第,如今不得不面临因产权限制、资金短缺等状况而无人问津,古建筑濒临倒塌、大拆大建、无意保护,以致物质和非物质文化遗产失传、青壮年村民逐年流失、传统农业手工业无以为继,保护与开发无从谈起。仅仅靠国家和地方各级的有限保护基金,仅以现有住建、农业和文化相关政策为依据而不进行探索创新保护开发方向,只"靠国家"而不"靠自己",以"不可为、少犯错"为行事圭臬,不解放思想、不转换思路,要保护与开发传统村落无异于缘木求鱼。在这其中,部分省份地方传统村落古建筑和房屋的产权问题是阻碍村落保护与发展的主要因素。古村中大部分建筑产权都属于私人所有,可能某处古建筑为一家多户所有,甚至为多家所有,每户对外界资金投入都有一票否决权,因而社会资本无法投入古建筑保护中;具备资金条件的村外社会人士因古建筑产权关系复杂、宅基地不能转让过户等原因而无法对古建筑进行市场经营,社会资金无法被吸收投入古村保护中。针对目前政策和环境问题的传统村落创新和多维保护与开发模式被提上日程。

多维保护与开发中的"多维"不单指字面意思上的具有多渠道、多视角、多层次、多方法的概念,还具有同一层次或不同视角主体之间互帮互助以求互惠共赢保护开发古村的内涵,广义上任何有利于传统村落保护发展的主体和措施均可参与进来。以国家乡村振兴战略为背景,在各部门和各级地方政策支持下,以既定外部大环境为背景,努力消除内部消耗因素,如解决传统村落开发保护首要问题即古建筑的产权、使用权和资金问题。目前,江西省抚州市金溪县在传统村落保护与开发模式上,推动用益物权流转,并由政府部门确权颁证,古村古建由此变成具有金融属性的"活资产",进而实现古村的开发与活化利用。部分古建筑坍塌破损严重,修缮需要大量资金;作为低级别不可移动文物,古建筑几乎均为村民祖宅,自主修缮成本较高,政府缺乏专项资金,地方财政和民间个人资本难以筹集。村民自己没有修缮资金的承担能力,同时也缺乏对老建筑进行保护和维修的动力,个别地方甚至还有因居住需要、宅基地难批的情况下,将原来传统房屋拆掉新建的现象。传统村落中大多数民居是非文物保护单位,按照现行文物保护专项资金使用政策,无法利用文物专项资金进行保护、维修。为此,金溪创新推出"古村落金融贷",帮助村民以古村经营权作抵押,以政府作担保向银行贷款而获得创业资本,同时帮助投资人化解可能的项目停摆尴尬。这是目前可行且已实现、着眼于传统村落内外因素改革方向的创新保护与开发模式。这一保护与开发创新模式说明,传统村落的保护与发展是有路可走的,需要转换思路、改变思想,进行因地制宜的基于政策、管理、产权、金融和运营策略的多维度保护与开发,方能使传统村落得到切实保护与活化利用。

三、江西省和金溪县传统村落特点与特色

截至目前,江西省传统村落的数量位于全国前十,且有其自身的特点与特色。省内传统村落由点到面呈现出"大分散、小聚集"的空间布局,以上饶、抚州、赣州与吉安为数最多。江西省传统村落特色在于:传统建筑多以集中连片分布为特点,能较完整地反映历史时期的传统风貌;村落的地理环境和建村条件依山傍水者较多,多维系村民的基本生产生活,反映某特定时期的历史文化背景;多数村落的格局鲜明且保存良好,其中非物质文化遗产丰富,具规模优势;不同地域传统文化差异形成建筑风格、民俗民风各异,具不同保护开发方向的传统村落群,如金溪县"1.0—4.0"开发创意样板古村群、赣州"三南"客家围屋遗迹古村群、上饶婺源最美商业古村群、南昌安义千年赣商文化古村群等。另外还有以古建筑风格划分古村类别,如婺源徽派建筑古村,金溪、吉安赣派建筑古村等,反映了因地制宜地巩固共同点、结合差异化创新,成为江西省传统村落切实可行的保护与开发必经之路。

将江西省传统村落数量最多的上述四大地级市进行比较,至2020年抚州市以96座国家级传统村落名列江西省第一,占全省的27.99%,其中,仅金溪一个县就占据了42个名额,占全部抚州市96座国家级古村的43.75%。据不完全统计,金溪县格局较完整、历史风貌保存完好的明清传统村落有110余座,其中,除42座国家级传统村落,省级传统村落有31座(包含11座国家级传统村落);此外,金溪县有国家级历史文化名镇名村7座,省级历史文化名街区2个。根据第三次全国文物普查,金溪有不可移动文物912处,明清古建筑11 633栋,10处"国字号"文物单位,3处国家重点文物保护单位[9]。金溪县成为一座天然的"不设围墙的传统建筑博物馆"。近年来金溪县古村走创新保护与发展道路,其中的陆坊乡陆坊村、左坊镇后龚村、大坊荷兰创意村、合市镇游垫村等因地制宜,先后应用所有-经营权分离、多样化资金筹措、高科技文化创意等手段,在当地形成了特色活化利用开发产业,成为提升村民收入的新经济增长点,形成金溪古村活化利用样板的"1.0版""2.0版""3.0版"和"4.0版"[10];且这些村落之间距离较近,又各具特色,城建基础设施完善,易形成"一日游村交通圈",旅游集聚效应好,具备全域旅游发展潜力,已形成地方上具有一定产业集聚效应的传统村落群。

虽然金溪县拥有以政府为主导、多元社会力量参与的创意保护开发传统村落样板群,但从全县角度分析,仍然存在相当数量的具备保护与开发潜力、但濒临破败的传统村落。均衡提升金溪传统村落保护与开发的水准和质量,充分利用金溪县已有开发传统村落群的聚集效应,全方位打造各具特色的传统村落开发样板,是金溪县今后的重要建设目标和乡村振兴的主要任务。良性保护与开发离不开政府及多维保护力量的参与,包括专业保护开发的文旅机构、高校和专家学者等。自2016年,九江学院旅游与地理学院先后成立了江西省传统村落研究中心和乡村振兴研究院,对全省的传统村落进行整理、定位和研究分析,力图助力地方政府进行传统村落保护和实施乡村振兴战略。江西省传统村落研究中心的博士和专家团队,5年来走遍了整个江西省的传统村落集中分布地,包括金溪县的42座各具特色、保护与开发状态不均的传统村落,对接了县市区乡镇各级别政府及有关部门,访谈了上百名村干部、村民,拍摄了时长超过100小时的无人机影像,制作了超过250期的古村落微信公众号,几乎参与了传统村落从濒临凋敝到部分样板引领保护发展的全过程,初步踏勘调研了各座古村,获得了村落发展的第一手资料。但传统村落的保护与发展,尤其是赋有带动村落产业经济发展重任的古村,对其后续的研究远非蜻蜓点水可满足,深入进行古村基于现状和特色发展的思考和探索就成了一种必然。拙著在第一手资料基础上,以几年来户外调研经历,结合同行专家的已有研究成果,整体理清金溪县传统村落目前的发展和保护现状,将各个村落进行聚类分析,对于先进者深入剖析其保护与发展机制,总结其优势和经验,以期将其模式推广发扬;对于中后进村落则进行问题调查与分析,力图在可行性分析基础上找到其发展与保护的正确路径,观其是否能与先进村落进行样板匹配。

第二节　研究综述

一、乡村与乡村振兴的概念及其相关研究

乡村是一个与时俱进、不断被修正的概念,在不同的社会阶段和学术语境之中有着不同的解读。当前应用较多的"乡村"概念主要有以下几种。第一,传统意义方面,乡村是指主要从事农业、人口分布较城镇更为分散的地方;"农村"与"乡村"概念通用,是指以农业经济为主的人口聚居地区。第二,以国家法律法规条款界定的概念,如《中华人民共和国乡村振兴促进法》定义乡村为"城市建成区之外的具有自然、社会、经济特征和生产、生活、生态、文化等多重功能的地域综合体,包括乡村和村庄等";按国家统计局于2008年发布的《统计上划分城乡的规定》,将我国的地域划分为城镇和乡村,其中,城镇包括城区和镇区,而乡村是指本规定划定的城镇以外区域。第三,专家学者从学理方面对于乡村的概念定义,如1998年张小林在《乡村概念辨析》中从职业、生态、社会文化多重侧面对乡村概念进行了剖析,指出乡村概念界定的复杂性,首次提出了以乡村性定义取代乡村的设想,并给出了乡村性指数的粗略计算公式[11]。此后,2020年胡晓亮等在《乡村概念再认知》一文中,再次提出乡村概念界定的复杂性扩展为"要素流动的空间动态性、乡村空间系统的不整合性、乡村概念自身的相对性,以及乡村振兴、城乡融合为政策导向的时代背景"[12];另有学者认为,乡村是人类由史前狩猎采集文明进入农耕文明以后产生的聚落形态,是农耕生产者聚居劳作和繁衍生息之所在[13]。乡村和城市在本质上都是人类生存的聚落,随着我国经济的快速发展,乡村地区发生了翻天覆地的变化,因而乡村概念也在不断变化,在不同阶段拥有不同的内涵,当代的乡村已经不能用过去的定义来描述,而需要新的、全面的定义。

乡村振兴战略在2017年党的十九大被提出来,强调在决胜全面建成小康社会的关键时期,要遵从全面小康的各项要求,把握国家社会主要矛盾的变化,坚定实施推行乡村

振兴战略[14]。通过对乡村振兴战略的逻辑理路、价值旨归与实践路径的研究,相关学者提出乡村作为经济发展的压舱石和稳定器,是国内大循环中的重要组成。从创立伊始,中国共产党就高度关注和重视"三农"问题。"三农"问题的妥善解决意义重大,关乎国计民生[15]。通过对乡村振兴战略的研究分析,有学者指出乡村振兴战略是全面推进社会主义新农村建设、是国家在新时期为解决"三农"问题而制定的新政策,具有丰富的理论内涵,对我国今后的发展发挥着重要作用[16]。通过对新时代乡村振兴战略实现路径的分析,有研究提出要在把握乡村振兴战略总要求和总目标的基础上,促进产业融合发展,推动乡村生态化转型,引进乡村振兴专业人才,建设社会主义新农村[17]。乡村振兴战略是在中国特色社会主义背景下产生的,国外无乡村振兴经验可循,但与之内涵相近或相似的研究成果颇丰;国外相关文献中并无确切的乡村振兴概念,更多的是以乡村发展为研究对象进行调查,侧重对乡村发展影响因素的研究,如通过对乡村进行系列规划,以政府主导、民众参与的组织方式,采用传统农业模式,通过加强基础设施建设和升级农业生产设备等方法提高乡村生产力,实现农民增收和乡村发展目的。2014年,尹相宪(윤상헌)通过实地调查和访谈的方式得出需要政府和专业公关团队相互协作、改善基础设施从而促进乡村振兴[18]。2021年,萨纳斯(Sanaz)等运用德尔菲法,从服务质量、设施、管理制度和成果四个维度的33个指标,确定了影响乌兹别德地区乡村旅游可持续发展的重要因素,并对其旅游发展状况进行评价[19]。2021年,尼奥曼(Nyoman)通过对丹帕萨尔东郊克尔塔朗旅游村进行问卷调查、访谈和小组讨论等方法收集数据,分析创业型乡村经营管理模式[20]。国外乡村发展方面较多案例从实践方面展开分析,但因国内外国情不同,借鉴价值有限。

二、传统村落的概念和传统村落保护发展政策理念

传统村落指在人类历史发展进程中遗留和保存下来,具有一定传统文化遗迹(如特色古建筑)的村落或村庄,又称为古村落。国内对其定义目前尚未统一。从20世纪80年代起,我国学者趋向于把传统村落称为"古村落",中国古村落发展与保护专业委员会提出,传统村落在时间上应该有五六百年以上的历史,在居住空间布局上,讲究阴阳调和、因地制宜、依山就势等。后经专家学者讨论,保留一致意见,"古村落"统一称为"传统村落"。传统村落是人居环境与自然环境相和谐的统一体,其经济活动、文化内涵和社会关系围绕着农业生产展开,农业生产方式维系着传统村落相对稳定的经济基础,在持久、共同的农业生产生活中衍生出特有的乡土记忆、价值观念、生活智慧、生产方式等乡土人

文精神和农耕文化内涵[21]。作为历史悠久的农业文明大国,"以农耕渔猎为基础的村落,因其地理环境、人居条件的差别,逐渐形成了不同地域、不同形态的'村落文化'[22]"。近年来,对"传统村落"的定义学界应用较广的是同济大学朱晓明教授提出的:"民国前建村,保留了较大的历史沿革,即建筑环境、建筑风貌、村落选址未有大的变动,具有独特民俗民风,虽经历久远年代,但至今仍为人们服务的村落[23]"。传统村落在国外并无对应概念与之匹配。国外相关文献中所研究和陈述的主要是古村镇、历史文化街区、文化遗产等方面的保护,相关研究开展较早。虽然无直接对应概念的名词,国外基于乡村保护与发展进行宪章、公约和文件方面的制订工作,首先从法理角度为古村保护立下了规矩和规划,颇值得国内学习。最早于1926年,英国城镇规划委员会发表了《英国的乡村保护》,掀起了英国乡村保护运动的序幕;1933年,《雅典宪章》出台,明确提出应当保护具有历史价值的建筑和地区;20世纪中叶,国际学术界开始对古村镇予以关注,陆续出台了一些公约和宪章,包括1972年的《世界遗产公约》,旨在保护具有普遍价值的遗产,1975年《关于保护历史小城镇的决议》问世,提倡保护历史小城镇;1999年《关于乡土建筑遗产的宪章》出台,倡导保护乡土建筑遗产与古村落。这些法规、条约、宪章的成型,在政策层面对于西方国家保护有历史价值的建筑、村落、区域等起到了极大的规范和督促作用,为村镇保护与发展指明了道路,同时也推动国家和社会对历史村镇保护的研究。联合国教科文组织陆续将多处古村镇列入世界文化遗产,比如匈牙利的霍洛克古村落、英国的爱丁堡城堡、德国的班贝格古城、日本的白川乡古村落、中国的皖南古村落等,也响应了宪章条款对古村镇保护发展的规约。

综上,关于对传统村落的定义,需要进一步结合与时俱进的分析研究理论与调查方法而逐步完善。传统村落不是刻板固化的,而是具有鲜活的生命力。传统村落的居民在传承传统文化的同时也在创造着新生活,他们是流淌在传统村落的"血液";整个自然环境、人文景观和历史建筑是传统村落的骨骼,而历史文化和民风民俗则是其熠熠生辉的精髓。

与传统村落概念容易混淆的历史文化名村,是我国最早提出的与传统村落保护相关的概念。与历史文化名村相比,传统村落的涵盖范围更为广泛,不仅针对文化单体,而且包含了生产和生活的最基层单元,同时将非物质文化遗产与人居环境也纳入其中。历史文化名村与传统村落是不同的概念,二者对村落关注的重点内容不一样,不可等同;需要注意的是二者偶有交集,比如,黄山市西递村既是历史文化名村,又是传统村落。历史文化名村与传统村落二者的村落名录差别很大。历史文化名村以保护精品为主导,数量少,覆盖面小,无法有效保护传统村落体系中的大量村落;而传统村落覆盖面广,旨在更全面、广泛地保护传统村落。国内在研究传统村落保护与发展方面集中于保护方法和保护内容两方面的研究。如对于北京门头沟地区30多座古村落文化遗产和自然遗产的研究与考察中,中国地质大学孙克勤教授对传统村落的保护与乡村旅游发展二者之间进行了探讨,提出了整体性保护、动态性保护、特色性保护的遗产资源保护对策,强调古村落是文化遗产中具有特殊意义的一种形式,它融合有形物质文化和无形物质文化为一体,因此传统村落的开发,应当以保护与传承传统村落的历史文化作为背景线,遵循村落保护与开发相结合的原则,建立具有文化性、历史性、传承性为一体的古村文化旅游区[24]。常青等以上海郊区的文化历史古镇作为研究对象,认为城郊值得保存的风土聚落和农耕文化的特征正在以极快的速度消亡,并对如何保护聚落和再生传统聚落提出了相应的对策[25]。马锡栋等指出传统村落应当结合在地性,通过挖掘自身文化的内涵,把文化优势转变成经济价值[26]。在传统保护内容研究方面,学者通过对某村庄布局、建筑风貌、生态环境及非物质文化遗产等分析研究,提出在对物质文化保护的同时,应当加强村庄历史文化以及传承文化主体人的保护,确保村庄优秀的特色文化得以更好地传承[27]。国外对于传统村落保护的研究主要涉及文化遗产(如古村镇、历史文化街区、文化遗产地等)的保护,其研究重点大致包含三部分内容:第一部分是对村落遗产保护主体的研究。迈克尔(Michael)等在研究新西兰遗产地旅游产业时指出,旅游产业应保护和尊重毛利人的文化遗产价值观,并让毛利人参与旅游发展[28]。穆拉特(Murat)等以土耳其布尔萨市为例,提出了政府参与治理的模型,并指出政府不仅要保护和复苏历史文化资源,还要注重村落的可持续发展[29]。马瑟里(Masele)发现私人企业投资给坦桑尼亚文化遗产保护和管理带来了挑战,因而文化遗产保护计划应由地方政府和当地社区合作执行[30]。直泰(Naohiro)在研究日本沙流河区域的基础上,得出保护本土文化遗产的有效途径之一是鼓励原住民自主参与环境影响评价[31]。综上,多位学者都表明了文化遗产保护发展需要让当地原住民参与进来、必须尊重原住民的文化价值观。第二部分是村落遗产的保护方法研究。世界各国对村镇等文化遗产的保护策略各不相同。意大利注重立法保护传统村落遗产,出台了《威尼斯宪章》,该宪章也是欧洲许多国家保护文物和遗产的国际通则;日本对文物遗迹的保护更加细致、持久,更重视保护与开发相结合的方式,日本的古村、古镇、古街极少大拆大建而毁坏古风原味,更加注重小范围的改建与修缮,崇尚"修旧如旧",并且政府很善于主导社会资源,特别是和当地民众的沟通和配合,让多维主体尤其是民众参与到村落的保护和开发中来,对村落中的展览建筑进行重点改造;法国政府规定对古城区的建筑不得随意拆除,维修或者改建等都要经过国家审定并给予资助,且会专门划定区域建设现代小区以保持古镇完整性;英国的民间团体在古城保护宣传、推动制度建设等方面贡献极大,这些团体在很大程度上培养了国民对古城保护的自觉性。莱珀和霍兰(Lepp & Holland)通过对乌干达一个村落的研究指出,社区主导的保护方法对当地文化遗产保护工作具有积极的影响[32]。第三部分是村落遗产发展模式的研究。发展旅游是保护村落和原住民生活方式的有效方法和路径,已为政府和学界共同认定[33]。不同的学者从各个角度探讨文化遗产有效保护方法,为文化遗产的保护和发展提供了多种思路。

三、旅游驱动传统村落保护与发展

传统村落的旅游,也称乡村旅游,其概念截至目前尚未统一,国外的定义是"以田园风光为核心,在乡村发生的旅游活动"[34];国内定义最早为:以乡村空间地域为活动空间,以田园风光、聚落建筑、民俗文化、农业生产活动等乡村特有的文化因子作为吸引点,主要面向城市居民人群,开展集观游、体验、娱乐、休闲和购物等活动为一体的旅游发展形式[35-37]。对传统村落而言,其吸引点可以理解为乡村具创意特色的体验类、观光类基础设施和风俗文化,本书借此对乡村旅游的定义进行延伸:以传统村落的田园风光、民俗文化、创意设计为吸引,面向周围城乡民众,开展旅游及满足其吃、住、行、游、购、娱六要素的休闲活动。以旅游驱动传统村落的保护与发展是部分传统村落可持续发展的有效措施和方向,也是乡村振兴的主要路径与机制。由此,国内传统村落旅游的相关研究近年来成为热点,研究内容主要集中在诸如旅游带动传统村落的保护与开发、乡村旅游吸引力、乡村旅游策划,以及游客感知等旅游心理学等方面。第一部分是传统村落的保护与开发,部分学者进行了基于户外调查和传统村落实证分析的研究,如,李翅、车伯琳经过对车龙村传统村落实证分析,认为要在保护的前提下结合乡村民俗旅游的驱动模式来促进传统村落旅游发展[38];杨理显认为守护传统村落应坚持规划先行、科学保护、合理开发的原则,加强传统村落统筹规划,留住文化之根[39];窦银娣等通过对永州市传统村落的实证分析,从资源禀赋、开发环境和市场条件等三个方面构建了旅游开发潜力评价体系,并从整体发展和分类发展两个层面提出了建设建议[40];洪亚丽通过对浙江省传统村落旅游发展状况进行梳理,提出要深入挖掘传统民俗文化、促进乡村产业创新与融合、引导村民参与积极性等,促进传统村落旅游发展[41]。第二部分是乡村旅游吸引力,国内学者探讨了多种旅游吸引力相关要素,以旅游吸引力的内涵、旅游吸引力的影响因素及旅游吸引力评价研究为主。在旅游吸引力概念方面,胡俊青基于推拉理论划分旅游吸引力为推力吸引和拉力吸引,进而解释旅游吸引力的概念构成[42]。谌贻庆等认为旅游吸引力是旅游需求的内在推力和旅游目的地外向拉力的共同结果[43]。另外还有吴必虎等提出旅游吸引力是指旅游目的地对游客的影响程度，包括基础设施、景观资源及知名度等因子[44]。在旅游吸引力影响因素的研究上，刘奔腾等以兰州市永丰村为实例，利用层次分析法和因子分析法在外部空间、内部空间和历史文化方面构建乡土景观吸引力体系并设计评价指标，归纳出历史文化、外部空间、地域环境及特色、内部空间是景观吸引力提升的重要因素[45]。张雨亭以网络文本为基础，将乡村旅游吸引力分为自然生态、旅游接待和文化三大类[46]。张红贤等结合游客量与出行距离，运用空间交互模型测算浙江省部分城市的旅游吸引力[47]。单福彬等以乡村文化旅游吸引力问题为着眼点，通过分析认为乡村旅游吸引力的影响因素中文化有明显优势[48]。刘静艳对南澳岛开展旅游吸引力的研究结果表明，旅游项目、服务设施和信息化水平等是重要影响因素[49]。在旅游吸引力评价的研究上，国内许多学者探讨了多种路径。米傲雪以北京怀柔区乡村为研究对象，将景观吸引力应用于乡村景观的研究中，分析了乡村文化景观空间载体对文化承载与传承的现状，结合实例探索景观空间层面对乡村文化传承的更新[50]；彭杨莹以黄山市乡村为研究对象，从旅游视角出发，结合"推力—拉力—阻力"三力系统，在AVC理论、推拉理论的基础上，研究总结出旅游视角下的乡村景观吸引力的三个层级，以此为依据构建出较为完整的黄山市乡村景观吸引力评价指标体系[51]；郑道针对风景名胜区景观改造的吸引力变化缺乏评价理论和方法这一状况，以南宁市青秀山风景名胜区为例，建立了"推-拉-阻"层次模型，采取定量和定性结合的评价方法，对青秀山风景名胜旅游区景观吸引力进行了综合评价[52]；韩岳通过对浙江省乡村旅游景观吸引力进行评价研究，在景观美学等相关理论基础上，以三力系统为入手点，得出自然景观吸引力四个准则层，构建适用于研究对象的数学模型，并通过实例验证了其可靠性[53]；朱元庆基于AVC理论框架，选取南京市响堂村为案例，结合理论和实际案例的学习和研究，运用层次分析法与模糊综合评价相结合的方法建立完善乡村景观评价体系[54]；李菲以乡村景观为研究对象，从旅游吸引力的两个方面进行分析，以沂蒙山区典型村落为案例，运用问卷调查法与IPA分析法分析评价指标，得出相应研究结论[55]。

国外因其传统村落的概念与国内不同，相关研究着重于乡镇旅游吸引力理论，主要关注旅游吸引力的影响因素和评价指标体系。在旅游吸引力的影响因素方面，阿邦（Abang）从五个相关维度入手评测影响旅游吸引力的相关因素，得出旅游的核心吸引力是文化[56]。金（Kim）通过调查研究分析，指出旅游吸引力和社会经济条件、人口特征有着密切的相关性[57]。伊迪斯·西瓦斯（Edith Szivas）认为旅游目的地状况、游客满意度及景区的营销推广等对旅游吸引力有所影响[58]。胡和里奇（Hu & Ritchie）以语言交流为切入点,认为语言交流问题是影响旅游者选择旅游目的地的重要因素[59]。在旅游吸引力评价指标体系的研究上,部分国外学者有自己的见解。伊迪斯·西瓦斯2003年的研究表明,旅游目的地吸引力评价指标的重点在于目的地的服务质量及宣传推广[58]。Deng从目的地旅游资源、交通可达性、相关基础设施等多方面评估澳大利亚公园的旅游吸引力[60]。

四、传统村落的保护与活化模式和路径

对传统村落而言,"保护"与"开发"有其特定含义,而"开发"可理解为"活化"。保护与活化模式和路径,是提升传统村落经济和生活品质的重要手段,须结合其历史文化遗产范畴进行选择。联合国教科文组织于20世纪70年代提出"对历史地区及其环境的鉴定、防护、保存、修复、更新、维持和再生[61]",重点在于以群体为对象且为整体环境的保护。"发展"概念为"对村落原有的建筑和自然、人文环境进行修缮改造整治,建设当下和未来的调整完善过程"[62]。针对传统村落而言,应侧重于在保护基础上使其自身特色发挥价值,包括但不限于对原有基础设施的改造保护,更重要的是提供满足旅游需求的功能业态。传统村落目前在保护与活化利用方面存在一系列问题,诸如管理主体不明、保护意识淡薄、产权不明、资金受限、运营缺失等。针对这些问题而派生出的状况如:保护主体单一,仅仅依靠政府投入保护开发;大量未认定的传统村落即将消亡;村落自身保护意识薄弱;保护活化模式转型困难等[63]。对此,须采取针对性的改革措施。保护主体在传统村落的保护与活化过程中,扮演着政策法律法规制定约束、专业保护资金保障、组织协调保护开发关系、平衡各相关方(包括开发公司、村民、专家、乡贤)间利益关系的重要角色,需要具备调动各要素之间良性流动、使之形成价值转化过程的能力,因而多维主体对传统村落的保护与开发成为趋势。开发公司主要对传统村落自带资源如旅游资源进行投资和开发而获得经济利益回报;村民则作为传统村落的重要组成,掌握着最关键的古建筑产权和传统文化遗产的传承,承担着非遗文化的发扬光大;乡贤则指村落中有地位有名望且有一定号召力的德才兼备、在村落家风民规及经济管理中承担着重要角色的村民。在传统村落保护与开发过程中,如何调动以上这些村落主体,需要因地制宜地根据现实状况加以研究分析。目前的相关研究成果显示,传统村落普遍存在空心化状况,亟需在集融资及产业转型升级等方面有所突破[64-67]。大部分传统村落保护开发仍然以政策扶持、资金投入等自上而下的政府主导保护模式[68-75],忽略其古遗迹的文化传统价值和村落主体村民的生活发展,且大部分传统村落在产权和资金方面存在壁垒。虽然在

保护主体、保护方式和保护效果方面研究成果较多[76-79],但并不能形成统一的、具有规律性和科学性的保护模式;且依据村落本身实际情况而开展的研究较少,也较少触及上述壁垒问题。相关研究成果显示,江西省抚州市金溪县尝试采用多元保护开发主体,进行了若干传统村落保护开发模式的改革创新,力求通过明确古建筑的产权、解决资金短缺问题、积极推动"政府主导+社会力量参与"的多维保护与活化利用模式,聘请专家学者以及专业运营团队,以文旅—农旅产业带动乡村振兴,产生可量化的经济实效,在传统村落的保护与活化方面做出了一定的成绩;应用所有—经营权分离、多样化资金筹措、高科技文化创意等手段,在当地形成其特色的活化利用开发产业,打造新的经济增长点,提升村民收入。形成被称为金溪古村活化利用样板"1.0—4.0版"的典型传统村落开发样板[10],且部分已具有稳定的客流量。基于上述研究现状分析,多维保护与活化创新模式作为目前试验成功的开发模式,有必要将其在全县范围内推广普及;与此同时对金溪县其他传统村落保护与开发创新模式的研究和探索也迫在眉睫。

第三节 基础理论

一、整体保护理论

整体保护理论同时也是传统村落保护的原则。传统村落是一种文化遗产,其保护必须保持传统格局、历史风貌和空间尺度,不得改变与其相互依存的自然景观和环境。传统村落的传统格局是村落的总体布局形式以及历史建筑、村道和自然等物质要素的格局和机理,体现着村落选址布局的用意,也记录着村落的历史变迁。传统村落的历史风貌反映了其历史文化特征以及人与自然的整体面貌,对传统村落传统格局和历史风貌的保护需要建立在村落整体保护的基础上。传统村落结构相对较为完整,是人们进行生产、生活的独立场所,具有生产生活等社会功能,人与自然环境的相互作用在传统村落中体现得淋漓尽致,所以传统村落的保护必须采用整体保护的原则和理论,确保传统村落作为完整的村落、完整的农业社区而存在和延续。

二、可持续发展理论

可持续发展是在一定时间和空间范围内,按一定的规律对环境资源进行保护,以满足人类的物质和精神需求,其重点是处理好人与自然的和谐共生关系。传统村落是不同历史时期人类的文明见证,也是自然与人类相互影响、相互作用的遗存,属于不可再生的宝贵资源,它的发展应当是持续型的发展,应该尽量维护、合理提高传统村落中的资源使用效率,延续传统村落中人与自然的和谐共生状态。在当今全球环境危机频频爆发的宏观背景下,秉持可持续发展和绿色发展理念,通过对传统村落的保护发展,改善传统村落的人居环境,保留乡村的原始风貌神韵,为乡村振兴做出贡献,进而传承和发扬我们宝贵的华夏文明。传统村落的保护发展不仅仅针对物质性的文化遗产,也包含大量非物质文化遗产,其保护发展要紧紧围绕可持续发展理论,注重其发展的可能性和持续性。可持续发展是为子孙后代计、为长远发展谋,即资源被当代人所利用,能够满足当下民众的需求,同时也能够满足后代的需求。旅游可持续发展是指在不损害以及不破坏旅游地所在地区自然环境和生态平衡的前提下,对现有旅游资源和潜在旅游资源的合理开发和利用,实现当地经济、文化、生态三者有机结合、相互协调的可持续发展。实现旅游业可持续发展是推动我国经济发展、扩大社会就业总量的有效举措,是促进发展方式转变、推动低碳经济发展的巨大助力,是扩大国际文化交流、提升国家软实力的重要保障。旅游业的可持续发展主要包括三个方面:一是改善旅游目的地居民的生活质量,增加其收入;二是营造高质量的旅游环境,提高旅游者的体验;三是使旅游目的地的生态环境、传统文化与旅游活动相协调,达到社会经济快速发展的目的,推进环境、社会和经济的协同发展。根据英国学者约翰·埃尔金顿(John Elkington)提出的三重底线概念,旅游业的可持续发展主要体现在经济、资源和环境的和谐统一。

三、"两山"理论

2005年8月习近平在余村调研时提出"绿水金山就是金山银山"。"两山"理论,即我国在发展社会经济的同时应当保护好生态环境,在经济发展与环境保护出现冲突的时候,应当以环境保护和生态平衡为首要目的,才能更好地建立生态文明社会。"两山"理论符合国家所做出的"五位一体"的总体布局,符合新时代的发展方向和发展要求[80]。社会经济发展和生态环境保护协同共进,是可持续发展的基础。对于"两山"理论的丰富内涵,习近平总书记指出:"我们既要绿水青山,也要金山银山。宁要绿水青山,不要金山银山,而且绿水青山就是金山银山。""既要绿水青山也要金山银山",是保护和发展协同推进的重要体现,强调系统思维,体现你中有我、我中有你的命运共同体思想。协同发展有着丰富内涵,不只是总量上不惜一切代价的增长,不简单以经济总值论成败,而是高质量发展、在保护生态环境的基础上发展,决不能顾此失彼,也不能顾彼失此,坚持走生产发展、生活富裕、生态良好的文明发展之路。"宁要绿水青山不要金山银山",是针对只发展不保护、先发展后保护的现象提出,强调在发展过程中特别是当发展与生态环境保护出现矛盾时,宁可牺牲当下粗放的发展也要保护生态环境、优先解决人类代际公平问题[81]。"绿水青山就是金山银山",指出保护和发展相互促进和有机统一。良好的生态环境是最普惠的民生福祉,要像保护眼睛一样保护生态环境,对待生命一样对待生态环境。保护生态环境就是保护生产力,改善生态环境就是发展生产力,要把经济社会发展和人的行为限制在自然资源能够承受的限度内,给自然留下休养生息的时间和空间。

"两山"理论不仅是当今社会发展面临难题的有效解决办法,同时也是为了子孙后代的长久发展而提出的重要理论。理论与实践相统一,当前目标和长远目标相统一,是经济社会持续健康发展的灵丹妙药。

四、乡村振兴"农创 CBD"

"CBD"为英文"Central Business District"的英文缩写,指一个国家、城市或地区主要的开展商业活动的区域,即"中央商务核心区"。其概念最早诞生于 20 世纪 20 年代初的美国,意思为"商业聚集之所"。"农创 CBD"是指以乡村闲置土地和农村宅基地及其他可利用的空间为主要依托,以农业作为基底,以农村科技创新、农业理念创新、农村价值创新作为中心载体,将乡村文化资源、空间资源、土地资源、生态资源的价值充分挖掘并发挥出来,形成与村庄、村民、村貌、村俗共融共享共通的全新形态生态系统,实现各方共同参与的共建、共享、共管的新乡村体系,也是乡村振兴的核心和关键。乡村振兴实践中,村集体需要建立一个集体化发展平台,如何使闲置资源以各种渠道最大化地获得市场认可,是农村发展面临的一个重大课题。如何形成自循环乡村生态系统?离开农业本身的高价值发展,就脱离了农业、农村和农民的核心价值。以乡村商业化、规范化、制度化运行的乡村整合开发,充分利用资金和资源撬动乡村产业发展。在产业规划布局上体现科技、农创、研学、休憩、购物、交流、体验、餐饮等元素融合,是"农创 CBD"规划设计的重点。传统村落将"农创 CBD"为核心目标,打造传统村落的整体规划设计,注重现代与古代、国内与国外的创意体验融合,并结合乡村风貌进行改造运用,以"农创乡村、科技体验"打造集农业观光、农创科研、农创文旅、田园休闲、民俗风情展示一体化的"乡村科技农创CBD",并将产业纵深延伸拓展,形成具经济可循环发展产业链的创造性经营新模式。

第四节 本书结构与研究方法

一、本书结构

本书内容整体分为四部分。第一部分即"导论",介绍本课题的研究背景、学术综述等,阐述本课题研究的意义和价值。第二部分即第二章,展示金溪县传统村落的基本情况,包括村落的基础设施建设和古文化资源保存现状、非遗传承等,整体分析其发展状态。第三部分为本书第三章至第六章内容,主要依据金溪县传统村落保护与开发现状对其进行归类分析,并针对不同开发程度的传统村落进行概括归纳,并分析其特色与优劣势,阐述研究结论,分析问题并提出可行性建议,指出未来发展方向和策略。第四部分为第七章和"结束语",即结论,在对全书进行总结的基础上,对金溪县的传统村落保护开发模式等问题作出探讨和展望。

二、研究方法

本书的研究方法主要在户外传统村落实地调研的基础上,结合网络和纸质存档文本进行数据整合和爬梳。

(一)户外实地调研

传统村落因其自身存在的诸如基础设施建设、交通条件、非遗及文化资源特色以及保护与发展状态各异,需要进行针对性的实地调研,利用与政府及相关部门和村民、乡贤等的信息交流等,方可理清村落目前发展和保护的现状及存在问题、未来可能的建设方向。笔者所在地区九江市距离研究目的地金溪县传统村落群距离近 300 千米,公共交通 4 小时之内即可到达;被调研传统村落相距较近,形成规模聚集群。因此,笔者及所在课题组成员自 2019 至今已前往调研数十次,也得到了当地各级文旅和住建部门的支持和鼓励,获取了宝贵的传统村落申报和建设规划第一手资料。

(二)数据整合与爬梳

传统村落的保护与发展是与时俱进的,乡村振兴战略和传统村落的保护政策以及相关的法律法规和条款,因国家和地方发展需要,将会适时改变和革新。大量的保护与发展数据及案例、活化利用模式的典型已经被政府和各类媒体机构报道。这些数据和内容对于传统村落保护与发展困境的发现、问题处理以及建设规划的过程跟进具有直接的记录和反映功能,也是课题组在户外实地调研成果之外的资料来源,如"金溪县人民政府网""新华网江西频道""抚州市人民政府网"以及一些公众号中发布的信息和报道等。另外,结合一些收集到的纸质申报材料和库存文档,对金溪县各个传统村落的基础设施建设情况、古遗迹价值情况、保护与开发情况等可进行全方位的前期解读。长期生活在传统村落中的老人等村民是该村落文化传承的见证人,他们提供的信息举足轻重。所有的数据与资料均为本课题的调查研究提供了翔实的第一手材料,使得本课题能够顺利进行。

第二章
金溪县传统村落聚类分析

第一节 聚类分析的概念及模式

聚类分析法是一种以研究对象为基础，以具有相同或相似属性特征的个体作为对象的归类分析方法，归类的同类别个体之间差异相对小、相似度相对大，不同类别之间的个体差异大、相似度小。聚类分析法作为一种探索性分析方法，因其并不设定确定的分类标准，也不明确具体的分类属性，而有别于传统的定性判别分析。本节选用的聚类分析不同于数理统计"聚类分析"概念，但两者具有一致的应用前提，即在未明确分类标准的前提下，根据研究对象本身的属性细节特征，先予以整理归类，形成大致的类型，再明确对象属性特征并厘清对象的特色属性。

传统村落的分类目前尚无明确的统一标准体系。国内最早的分类是从人们对村落的认知角度，将传统村落分为传统意义上的"古村落""非遗村落"和"历史文化名村"。近年来，针对不同地区传统村落，有学者依据当地地理和人文特征进行划分，如广东省惠州市的传统村落，按自然地理特征可分为滨海渔村类、平原傍水类、丘陵不规则类[82]；按产业分布侧重点的不同则可分为农业、工业、商旅服务以及均衡发展几大传统村落类型；从建筑形态和分布上可将传统村落分为集团型、散列型；从乡村聚落变化发展上则可将传统村落分为特色保护类、搬迁撤并类、城郊融合类、集聚提升类等四类。江西省将全省的传统村落以文化特征分为徽派特色、赣派特色和客家特色三大派别的传统村落[83]；还有将传统村落分为田园生态类、遗产文化类、历史商贸类、传统民俗类、特色产业类等五大类型[84]。因前期金溪县传统村落的划分并未有明确的标准，故本书综合考虑传统村落基础设施、保护现状、产业发展和开发潜力等特点,探索利用聚类分析方法进行传统村落分类,以期为金溪县传统村落的保护与发展工作提供参考。

第二节 金溪县传统村落类型

针对金溪县42座国家级传统村落调研过程中,发现每座传统村落申报资料的保存完整度不同。本书在写作之时,第六批传统村落名单尚未公布,加之疫情肆虐,课题组无法详细调研,导致资料缺乏,故在此略过。根据对前五批名单中村落的调研结果,结合各村落的申报材料和地方规划文本,筛选调研的40座传统村落按其现存资源的保护、开发、利用程度差异分为三类来阐述,分别为活化利用型、整体保护型、应急抢救型传统村落(表2-1)。

表2-1 金溪县传统村落聚类分析表

古村落类型	名称	保护规划	文化特色	主要产业	主要问题
活化利用型	岐山村	有	矮脚龙彩灯舞	水稻、花炮	
	游垫村	有	古村文化与数字科技融合	水稻、葡萄、黄栀子	基础设施细节
	龚家村	有	医林世家	水稻、水产养殖	
	蒲塘村	有	采茶灯、水塘之村	水稻、毛竹	
	后车村	有	手摇狮	水稻、蜜橘	修缮、资源活化
	下李村	有	龙灯、"四古"村落	水稻、加工	修缮、资源活化
	大耿村	有	马步灯	水稻	修缮、资金渠道
	东岗村	有	舞灯、唱大戏	种植业	修缮、环境污染
	全坊村	有	龙灯、马步灯	水稻、养殖	
	曾家村	有	彩灯、矮脚狮	水稻、竹子	修缮、新建筑的风格与原建筑不一致
	印山村	有	手摇狮	西瓜、水稻	修缮、基础设施建设
	符竹村	有	马步灯、手工艺	种植业、林业	宣传、文化传承
	后龚村	有	龙灯、红色文化	西瓜、水稻、蜜橘	
	陆坊村、植源村	有	马灯、龙灯、陆九渊故居	水稻	
	靖思村	有	马灯、宰相故里	水稻	修缮、资源活化
	竹桥村	有	非遗项目、雕版印刷技艺	水稻	修缮、基础设施优化

续表

古村落类型	名称	保护规划	文化特色	主要产业	主要问题
整体保护型	石门村	无	古商业村	水稻	
	旸田村	有	旧望族	水稻、养殖	修缮、资金渠道
	双桥村	有	赣派建筑	水稻、莲藕、养殖	
	疏口村	无	手摇狮、彩灯、佛文化	种植业、手工业	修缮、环境保护、资金渠道
	黄坊村	有	手摇狮	种植业、建筑业	修缮、基础设施建设
	刘家村	有	龙灯	种植、养殖、矿产资源	
	徐源村	有	龙灯	水稻、蜜橘	
	桥上村	有		水稻、西葫芦	
	城湖村	有	手摇狮	水稻	修缮、村落文化延续
	陈坊村、上张村	有	舞龙灯、彩龙船	水稻、柑橘	
	高坪村	有	马灯、雕花工艺、爆竹之乡	种植业、矿产资源、爆竹企业	
	桂家村、下宋村	有	马灯、龙灯	水稻	
	白沿村、横源村	有	龙灯	水稻	修缮、文化完整性
	古圩村、铜岭村	有	马步灯	水稻	
应急抢救型	崇麓村	无	手摇狮	水稻、毛竹、黄栀子	
	谢坊村	无	忠臣后裔村	水稻、加工	修缮、资金渠道
	邓家村	无	文天祥踪迹	水稻、杉木、毛竹	
	傅家村	无	马步灯	水稻	
	北坑村	无	祭社公	水稻、黄栀子	

活化利用型传统村落在村落既有古建筑、村落格局等资源保存完好状况下，在村落已有明确建设规划的纲领下，进行传统村落保护与开发的再利用，通过旅游、生态农业等特色产业带动村落活化，对原留存资源"查漏补缺"，加强遗留古迹的修缮和保护，拓宽保护资金来源渠道，使原有的古传统村落开发保护和利用效益达到最优化，且已经具有较为成型和成熟的活化利用模式。这一类型的传统村落数量较少，但潜力巨大，是金溪县要重点经营打造的、具有引擎和案例示范性的传统村落。此类传统村落包括第三批的合市镇东岗村和全坊村、琉璃乡东源曾家村和印山村；第四批的陈坊积乡岐山村、左坊镇后车村、琉璃乡蒲塘村、陆坊乡下李村以及合市镇的游垫村、龚家村和大耿村；第五批的秀谷马街符竹村、左坊镇后龚村、陆坊乡陆坊村和植源村、石门乡靖思村等。

整体保护型传统村落，通过对于村落的经济收入、基础设施、特色产业等多方因素进行考核与测评，综合研究结论显示该类型村落具备较为完整的古建筑、村落格局、传统文化等历史遗迹，且损毁并不严重，有村落自身的保护规划纲领措施，具备一定的保护与开发潜力。这一类传统村落主要问题在于其基础设施建设较薄弱,民生问题仍然是村落发展的最大障碍,且保护资金的筹措渠道较为单一且缺乏,故而应以保护传统建筑和物质文化为重心,在此基础上因地制宜地解决村落的产权、资金以及产业发展等问题。此类型包括第四批的浒湾镇黄坊村、对桥镇旸田村、石门乡石门村;第三批的琅琚镇疏口村;第五批的浒湾镇荣坊刘家村、双塘镇古圩村和铜岭村、陆坊乡桥上村、陈坊积乡城湖村、陈坊积乡陈坊村上张村和高坪村、琉璃乡桂家村下宋村、石门乡白沿村横源村等。

应急抢救型传统村落,通过对于传统村落的调研,发现村落既无自身保护规划,又无完善的基础设施建设,村落古建等保存也较差(如建筑年久倒塌等状况),且存在农业生产率低下、乡村"空心化"严重、产业结构不合理、传统工匠技艺失传、保护资金短缺等问题,且因这些问题的发展可能导致村落消失凋亡,故需要进行应急抢救以延缓其衰败进程。这类村落虽然数量最少,但必须予以及时、重点的关注应对。这类传统村落的典型包括第四批获批的黄通乡邓家村、琉璃乡北坑村;第五批的琉璃乡谢坊村和傅家村、合市镇崇麓村等。

总体而言,对于金溪县丰富的不同类型传统村落,需要根据村落自身的特点和发展现状,针对性进行保护为主、开发利用为辅的发展策略,以资源保护和活化利用作为"两驾马车"齐头并进。

表2-1所示金溪县的三大类型40座传统村落中,大部分已制定村落保护发展规划。几乎全部传统村落均以第一产业种植业为主,极少村落发展了第三产业;且种植业主要以粮食种植为主,较少经济作物,这表明大部分传统村落除自给自足外,无法以现有产业带动村落经济增长和发展。大部分村落的文化特色与古建遗迹主要集中在名人望族家居、历史事件踪迹、传统商业遗迹等三方面,存在的主要问题与江西省内大部分的传统村落一致,即基础设施薄弱、古建保护不力、管理体系混乱、资金渠道单一、活化利用率低等。从管理视角出发,大部分的村落以整体保护作为发展建议,离活化利用仍有一定的距离;少部分村落亟待修缮保护,基础设施建设迫在眉睫,有消亡的危机;另有少部分村落如竹桥村、游垫村、后龚村以及靖思村等已经建设成为旅游景区,设置文旅平台,目前主要针对少数建筑及文化遗迹进行修补,具备了发展旅游产业带动地方经济的可行性和基础条件,下一步重点进行景区建设和文旅融合联合打造,以集聚人气为抓手,争取成为地方乡村振兴及乡村旅游发展示范的排头兵村落。

调研结果显示,金溪县传统村落除形成上述分类外,还具有其他方面的共性。一是形成年代久远。所有传统村落的形成年代均不晚于明清时期,第四批的15座村落均在我国元代以前,且以汉民族居多。各村均有明朝、清朝时期的赣派建筑,每个朝代建筑的风格特色非常鲜明易判。二是村落形成原因多样化。以第四批的15座村落为典型划分,金溪的传统村落形成的原因有原始定居型村落(谢坊村和蒲塘村)、地区开发型村落(龚家村、下李村、石门村、后车村、游垫村、岐山村等)、民族迁移型村落(黄坊村)、避世迁居型村落(北坑村)和历史嵌入型村落(邓家村、崇麓村、旸田村、大耿村),每座村落都有各自的故事和起源。三是金溪县传统村落的收入多以第一产业种植业、捕鱼业为主,以自给自足为特点,未产生完整的产业链,第二产业、第三产业较少,除个别外,大部分村落居民收入较低。四是金溪县传统村落具有浓厚的文化渊源,均有自己的祠堂文化、书院文化(龚家村、大耿村等)。五是具有非物质文化遗产的继承和保护,包括藕丝糖制作技艺、手摇狮民俗舞蹈艺术、徐神仙传说及民间故事,以及采茶灯、马步灯、龙灯、彩灯技艺和祭社公习俗等。六是基础设施建设有待完善,电力、交通、水利等民生问题亟待重视和解决。

第三章
金溪县应急抢救型传统村落保护开发案例研究

将金溪县的40个调研传统村落分为整体保护型、活化利用型和应急抢救型三大类，本章结合实地调研数据和各村落申报材料[9]，阐述应急抢救型传统村落的现状和特点，以少数典型传统村落作实证说明，分析这类传统村落的基础设施建设、保护修缮现状和可行性发展措施。

第一节　合市镇崇麓村

崇麓村隶属金溪县合市镇，位于合市镇南部，636乡道南侧，村域面积0.15平方千米（表3-1）。崇麓村村内丘陵起伏，山多地少，系邹氏聚居地。据邹氏宗谱记载，"崇麓邹氏环列崇山之麓久矣，宋世有文英公者，自临川箭江始迁焉三百余年，于兹食指以千计"，到明清时期已经形成完整的聚落格局。村落北面紧邻胡锡村，西靠聂家村，东有姚坊村。

表3-1　崇麓村村落基础数据一览表[9]

村名	崇麓村	村落属性	行政村
地理位置	江西省抚州市金溪县合市镇	形成年代	元代以前
村域面积	0.15平方千米	户籍人口	420人
地形地貌	丘陵	主要姓氏	邹氏
特色建筑	邹氏祠堂、世科第	特色民俗	手摇狮
村落名人	聂良杞	特色美食	藕丝糖
核心特征	书香世家	国家传统村落批准时间	第五批（2019年6月）

村落整体呈带状分布，南北绵延长约500米(图3-1)。该村历史悠久，邹氏乡民在此长久繁衍生息。村内有邹氏祠堂、书院等特色古建筑。邹氏宗祠坐西朝东，规模宏大，长约40米、宽约15米，进深两天井，尤其是中堂跨度之大，进深约15米，梁架粗大饱满，其保存完好，建筑精美，是明代祠堂建筑的杰出代表(图3-2)。位于村南的建筑群，院墙围合，面向池塘，四周环境优美，水渠清流；几路天井并排，形成封闭的私密空间。存有"世科第"门额和"科第"门券，科举建筑风格突出(图3-3)。另存书院一座，据邹氏宗谱记载"上溆瑚三公祠引：瑚三公为上溆迁居祖，未创祠宇，五代孙克章公有书院一栋，雅甚。其五世孙熺照启秀，于同治九年(1870年)恭请族众将书院助与瑚三公为祠，日后克章公位下孙子倘有乏嗣者，概得将神主入祠祔祀后世孙会，毋拂先人雅意，是幸祠众给永脉二分。"崇麓书院于同治九年捐与瑚三公为祠(图3-4)。村中现存古商业街一条，由明清发展而来，石板铺地，路旁有石砌水渠，两侧商铺建筑多为一层，或二层带阁楼。商铺沿街而立，街巷幽静朴素，虽历经百年风雨，仍保持着古朴的明清风貌和历史本色(图3-5)。

图3-1　合市镇崇麓村无人机航拍影像(2019.7)

图 3-2 崇麓村传统建筑之邹氏祠堂(2019)

图 3-3 崇麓村传统建筑之世科第

图 3-4 传统建筑之书院

图 3-5 崇麓村古商业街

崇麓村在聚落构成、建筑形制、价值观念、生活习俗上都集中体现了地域特性,具有鲜明的地方风格和地域特征。除世科第、石板桥、古商业街、邹氏祠堂、书院等古建筑外,村落特色民俗为逢年过节的玩灯舞狮活动。普通舞狮是双人舞,而流传在崇麓村的"手摇狮"却是单人舞(图3-6),颇具特色,省内乃至国内皆无出其右,因此被称誉为"华夏一绝""狮人舞蹈",是金溪群众喜闻乐见的主要民间舞蹈形式之一。特色美食藕丝糖,素以甜、脆、香、酥称著,食之口感甜而不腻、脆而不碎、外形美观、落口消融;且具有中医古方"大小建中汤"之功效,可补中益气、理脾益肺、促进消化等功效,对脾肺虚寒之体尤有补益,具有重要的药用价值。合市镇是典型的农业大镇,境内交通便利、通讯快捷、水利设施完备、资源丰富。在抓好传统农业生产的同时,合市镇注重产业结构调整,农业产品主要有优质稻、黄栀子、葡萄、南丰蜜橘、蜜梨、西瓜以及各种蔬菜,其中黄栀子尤为有名,已建立了万亩黄栀子生产基地,被誉为"黄栀子之乡"。总体而言,崇麓村利用地形组团布局,开合有度,充分体现了地方的历史文化和社会经济结构的传承,具有很高的历史、艺术、科学研究价值,且具有较为稳定的农业产业带动村落经济发展。

图3-6 崇麓村特色民俗之手摇狮舞

调研结果显示,整体而言,崇麓村是没有实施传统村落保护规划的古村落之一。农产品的产业项目虽给村民带来了一定的收入,但与本村的传统建筑和古迹保护并无直接的交集,无法形成直接的传统资源与市场经济转换效果。调研期间在村内走访可以见到大部分的老建筑包括书院、古商业街等,处于无人问津的凋敝状态,既没有规划,也没有修缮的痕迹,维护资金无法到位,随时可能坍塌破败。古村内大部分古建筑老化,基础设施不全,电线线路架设杂乱,有潜在的火灾隐患;部分古建筑内部通风、采光严重不足,缺乏必要的厨卫设施,远不能满足当代生活水平的发展需要;生活污水通过明沟或是盖板明沟未经处理直接排至村中池塘,对古村落水体造成污染;附近采石场产生的水体、土壤和空气以及噪声污染,给村民居住环境和村落可持续发展带来了很大影响。此外,崇麓村内常住人口260人,人口稀少,且中青年比例小,居住人口老龄化、古村落空巢化现象突出,村落发展活力日渐衰竭,潜在劳动力较少,不宜也无法发展其他产业。

第二节　秀谷镇傅家村

傅家村隶属金溪县秀谷镇,位于金溪县县城以南2.5千米处,是一个民风古朴、文化底蕴丰厚的村落。2019年6月,傅家村被列入第五批中国传统村落名录。村域面积约1.75平方千米,以丘陵地形为主(图3-7)。傅家村村落历史悠久,建于元代以前,现有98户居民,合计338人,主要姓氏为傅,村民以种植稻谷为主(表3-2)。村落依山傍水而建,

图3-7　秀谷镇傅家村无人机航拍影像(2019.7)

背靠苍翠的后龙山,村南有带状水塘,连通到村西池塘,西墙附近池塘环绕,古樟掩映。村中形成纵横街巷,沿巷建筑布局紧凑,错落有致。村中古建多为明清时代建筑,均坐北朝南,集中表现了我国南方传统村落"依山、环水、面屏"的风水理念,也体现了天人合一的自然唯物史观。调研显示,傅家村有傅氏祠堂、门楼、古巷、古井、古树等留存。其中,傅氏祠堂独立于村西南百米以外,为清代建筑,前院开侧门,主体三堂直进,保存完好;飞檐翘角,雕梁画栋,留存着岁月久远的痕迹,散发出浓厚的文化气息(图3-8)。傅家村总门楼为双坡硬山屋顶,正面立三滴水墙门,门额刻写"笔锋毓秀"。虽然材质和形象稍欠

表3-2 傅家村村落基础数据一览表[9]

村名	傅家村	村落属性	自然村
地理位置	江西省抚州市金溪县秀谷镇	形成年代	元代以前
村域面积	1.75平方千米	户籍人口	338人
地形地貌	丘陵	主要姓氏	傅氏
特色建筑	傅氏祠堂、"笔锋毓秀"	特色民俗	马步灯
村落名人	傅振铎	特色美食	藕丝糖
核心特征	民风淳朴	国家传统村落批准时间	第五批(2019年6月)

图3-8 傅家村古建筑之傅氏祠堂

饱满,但简洁肃然的形象显得低调而内敛(图3-9)。村内有巷道三条,其中一条保存完好,皆为石板石块铺就。行走在古色古香的巷道里,清风徐来,令人感受到静谧和安宁。村落的主要特色民俗为马步灯舞蹈,为流传于金溪县的传统舞蹈艺术(图3-10)。马步灯表演原有多套不同节目,但大多已失传,现仅存"三国演义刘关张"和"忠勇报国杨家将"两套节目,其中"忠勇报国杨家将"以热烈民乐节奏为特色,结合跑马布阵攻城等表演,旨在表现穆桂英、杨宗保、孟良、焦赞忠勇保家卫国之精神。

图3-9　傅家村古建筑之"笔锋毓秀"门楼

图3-10　傅家村马步灯舞蹈艺术

经调研发现,对于秀谷镇傅家村而言,第一,村落并无保护发展整体规划,整个村落的发展处于无序状态,且无特色产业,村民以种植业为生,收入较低,民生问题突出;第二,部分村民缺乏足够的古建筑保护意识,以及缺乏专业知识的指导,导致部分古建筑被破坏,表现在老建筑内插入新建筑,且多数新建的房屋与传统建筑风貌格格不入,严重破坏了古村的传统风貌;第三,毁坏或即将破败的古建筑、古遗迹等并未得到修缮、无人问津(图3-11);村落的古建筑目前正处于风雨飘摇的失修之境,亟需有关部门重视并加以保护。建议加强古建筑修缮、道路规划、绿化改造,增设公共活动设施、增设牌坊等景观建筑,采取美化村貌的其他措施;待村落规划成型、基础设施完善后再图发展。

图3-11　秀谷镇傅家村损坏的古井

第三节　琉璃乡谢坊村

谢坊村位于抚州市金溪县琉璃乡与浒湾镇交界处山坳(图3-12),村域面积2.53平方千米,户籍人口310人,形成于元代以前,姓氏主要为谢姓(图3-13)。南宋忠臣谢叠山的子孙因避祸而四处逃散,其中一人流寓金溪县谢桥(今琅琚镇谢家桥)。金末"壬辰之乱",其子孙又四处播迁,一支聚落在谢坊村。特色建筑为谢氏宗祠,传统建筑包括天官第、秋官里(图3-14)、进士第(图3-15)、科甲第和大夫第(图3-16)等,皆以青砖灰瓦马头墙为建筑特色。谢坊村人杰地灵,文风昌盛,明清时期造就了许多官宦名贤,如明嘉靖和万历年间举人谢继科、谢继程、谢相,清代举人谢士道,另有贡生谢继秋、谢廷宾等,仕宦谢杰、谢伦等,是名副其实的科举文化之乡,并于2016年12月被列入第四批国家级传统村落名录。

图3-12　琉璃乡谢坊村无人机航拍影像(2019.8)

表3-13　谢坊村村落基础数据一览表[9]

村名	谢坊村	村落属性	自然村
地理位置	江西省抚州市金溪县琉璃乡	形成年代	元代以前
村域面积	2.53平方千米	户籍人口	310人
地形地貌	丘陵	主要姓氏	谢氏
特色建筑	谢氏宗祠,谢廷宷故居	特色民俗	龙灯、马灯;打糍粑
村落名人	谢廷宷	特色美食	藕丝糖
核心特征	文化之乡	国家传统村落批准时间	第四批(2016年12月)

图 3-14　谢坊村古建筑之秋官里

图 3-15　谢坊村古建筑之进士第

图 3-16　谢坊村古建筑之科甲第(左)和大夫第(右)

调研显示,谢坊村缺乏传统村落保护规划,无特色产业,以水稻种植和农副产品加工为主,村民人均年收入 6 900 元,常住人口只有 230 人。由于缺乏管理意识,村落内的祠堂损毁较为严重(图 3-17),基础设施建设亟待加强,民生问题应引起重视。相关问题包括但不限于以下。(1)谢坊村现建设用地以村民住宅用地为主,村庄公共服务设施用地和村庄产业用地较少,导致村落产业发展受阻;(2)古建筑群内部的大部分排水沟均通畅,能满足雨水和生活污水的有效排放,但少部分明沟存在随意堆放垃圾的现象,造成排水明沟多处淤塞,生活污水排入池塘,给村落环境造成污染、影响村民身体健康;(3)部分电线线路为架空敷设,既存在风险隐患,又破坏了古村内部的景观风貌;(4)村内缺乏消防设施,内部没有消防栓,村内取水不便的水塘是发生火灾时的主要取水点;(5)村内没有设置垃圾回收设施和公共厕所。针对以上问题,建议加强管理意识,加强对传统建筑的修缮和日常维护工作,加大村落整体保护力度,合理利用、把传统建筑转化成改善民生的文化资源,加强对村落内历史文化资源的活化利用,多方面筹措传统村落保护资金,尽快完善配套基础设施,改善村民生活质量。

图 3-17 谢坊村破败的祠堂

第四节 琉璃乡北坑村

北坑村隶属于江西省抚州市金溪县琉璃乡。村域面积为2.4平方千米,多为丘陵地貌。据《北坑村谢氏族谱》记载,村落始建于宋代,远祖权公官建昌,其祖先为伯一公。宋元之交,天下未定,新城接闽界山多啸聚,伯一公因与两弟避于抚州之金溪,金邑七都之北溪,这里云雾飘枕九紫峰,过水绕势若环抱。历经数百年的发展,到明清时期已经形成完整的聚落格局(图3-18)。谢氏在琉璃乡为大姓宗族,北坑村是其中一支,户籍人口430人,2016年12月北坑村被列入第四批国家传统村落名录(表3-3)。北坑村村落、山体、农田、池塘构成一幅画面丰富的景观画卷,传统风貌与自然环境相互融合,传统建筑有总门楼(图3-19)、叔三公祠(图3-20)、三省斋(图3-21)以及古巷(图3-22)等,传统建筑及村落传统格局保存较好,村落传统风貌佳。北坑村有着省级非物质文化遗产——藕丝糖传统制作技艺(图3-23),已传承了百年以上。

图 3-18 琉璃乡北坑村无人机航拍影像(2019.8)

表 3-3 北坑村村落基础数据一览表[9]

村名	北坑村	村落属性	自然村
地理位置	江西省抚州市金溪县琉璃乡	形成年代	元代以前
村域面积	2.4平方千米	户籍人口	430人
地形地貌	丘陵	主要姓氏	谢氏
特色建筑	叔三公祠	特色民俗	祭社公
村落名人	谢宝树	特色美食	藕丝糖
核心特征	格局巧妙	国家传统村落批准时间	第四批(2016年12月)

图 3-19 北坑村古建筑之总门楼

图 3-20 北坑村古建筑之叔三公祠

图 3-21 北坑村古建筑之三省斋

图 3-22 琉璃乡北坑村古巷一角

图 3-23 北坑村非物质文化遗产——藕丝糖传统制作技艺

北坑村总体布局极具特色,概括为以下方面。

(1) 一个完整界面:北坑村的南侧面为一个完整的对外界面,沿公路展开,为村落的主立面。入口总门楼为东界面的中心点。总门楼北侧,建筑整体朝向村落内部,建筑后檐山墙对外,墙面上开长方形小窗。总门楼南侧的公祠为公共建筑,朝东,整体朝向对外。

(2) 一条轴线:村落入口总门楼、村内水塘和村落正后方面积较大的水塘在一条直线上,整个聚落形态以此轴线对称。

(3) 三座重要建筑:一是入口总门楼,是整个村落的主要出入口,为村落的重要空间节点。在总门楼南侧,是村内的祠堂"叔三公祠",整体朝向村外,保存完好。另外一座重点建筑是村落西南角的"三省斋",门口有一口水塘,作为重要的景观节点。

(4) 四口水塘:村中共有四口水塘,一处是总门楼前的水塘,另外三处水塘分别在村落中心部位、三省斋前和村落的正后方。总门楼前水塘形状不规则,面积较小,为村落入口的标志。三省斋前的水塘大致呈圆形,根据其名字推测此建筑可能类似书院功能。村落正后方的水塘面积较大。

村落的聚落功能具有防御性,聚落组织具有向心性和对称性,形成完整的城堡式结构,其特征具体体现在以下方面。

(1) 防御性。主要表现在:一是设门作关卡。原来在村子的各个界面都设有门,将所有的门关闭,其他人就无法进入村子内部。最明显的是东界面的总门楼,将总门楼关闭,从这个方位进入的通道就被切断。二是村落内部为典型的高宅深巷。建筑以二层居多,每栋建筑都表现出封闭性较强的特点。北坑村具有很强的防御性,可能由于客家人迁移至此后,为了防止外敌侵犯而筑造高墙深院、设门防御。

(2) 向心性。纵观北坑的整个聚落形态,民居布局以村落内部的水塘为中心展开,整体具有向心性。村落中心的水塘是整个村子的重要节点,处在整个村子的中心地位,推测沿水塘周边而建的老宅,是当年威望较高的家族。

(3) 对称性。村落正后方的水塘与村中心水塘以及总门楼大致在一条直线上,为村落轴线,整体布局形态呈现对称性。

北坑村缺乏传统村落保护规划,虽然村落格局和传统建筑保存好,集中成片,整体性极佳,但基础设施匮乏,村民人居条件水平低,不利于文物保护及村庄发展。建议完善配套基础设施,改善村民生活质量。经调研可知,村落的入户自来水及有线电视等基础设施几乎没有;电网布置及搭接尚可,乱接乱搭现象较少;无公共照明设施;垃圾处理的方式也以最原始的简易填埋和直接焚烧为主,效率低、污染大。另一方面,目前村民人均年收入只有 3 000 元,不利于传统建筑和古迹的保护以及活化利用。因此,当务之急是基本民生设施的建设和整改,提高村民生活生产质量,同时同步保护古村落遗迹;建议进行整体保护,对历史文化资源在保护的基础上活化利用,为传统村落保护资金的筹措广开渠道。

第五节　本章小结

由以上分析可知,针对应急抢救型传统村落,普遍存在的问题大同小异,集中在"无组织规划""无保护修缮""产业不协调"三个方面,表现出来的问题主要为基础设施建设不到位、民生问题突出、保护与发展规划缺失等。对此提出以下保护和发展建议。第一,村落在经住建部门和村委等管理部门、专家或第三方机构协同评估后,制订合理可行的保护发展规划,使得后续工作有指导思想和科学规划纲领,便于具体工作的开展和分工;第二,对于村落的保护开发利用,建议首先要保护古建筑、非遗古迹等,聘请住建、文旅部门协同文保专家进行修缮保护评估,以"修旧如旧"为原则,立项施工维修,同时通过媒体进行村落保护宣传,防止古迹进一步消亡损毁;第三,重点改善村落自身基础设施建设,针对民生基础需求的卫生、交通、饮食等硬件设施要综合科学发展,从小处着眼,关注细节;第四,解决管理体系和产权等问题带来的资金渠道狭窄状况,多方位拓宽资金来源,注重社会资本的引入;第五,在保护规划完善基础上,考虑通过旅游业发展带动村落的产业升级与转型,"以产带村、以业保村、以人活村"。

第四章
金溪县整体保护型传统村落保护开发案例研究

整体保护型传统村落古建筑大多完好,村落格局较完整,历史遗迹彰显传统文化,且损毁并不严重,有村落自身的保护规划纲领措施,具备一定的保护与开发潜力。这一类传统村落主要问题在于其基础设施建设较薄弱,民生问题在村落发展进程中仍较突出,且保护资金的筹措渠道较为单一,故而应以保护传统建筑等物质遗产为重心,因地制宜地推动村落产业发展。整体保护型传统村落包括国家第四批传统村落浒湾镇黄坊村,对桥镇旸田村,石门乡石门村;国家第三批传统村落琅琚镇疏口村;国家第五批传统村落浒湾镇荣坊刘家村、双塘镇古圩村、铜岭村、陆坊乡桥上村、陈坊积乡城湖村、陈坊村、上张村、高坪村、琉璃乡桂家村、下宋村、石门乡白沿村、横源村等。

第一节　对桥乡旸田村

一、旸田村概况

旸田村位于对桥乡乡政府西南10千米处,村域面积2.1平方千米,目前共有15个村小组,户籍人口1 607人(表4-1)[9]。旸田村是一个风格古朴、文化底蕴深厚的邓姓聚居古村落。目前村民以种植业为生,主产稻谷。2016年12月,旸田村被列入第四批中国传统村落名录。旸田村规模较大,整体格局完整,人文底蕴深厚。其建筑组织有序(图4-1),空间变化丰富,传统建筑大部分保存较好,大宅建筑精美。传统建筑包括邓氏宗祠(图4-2)、总宪第及其他传统民居(图4-3)等。旸田村有自己的历史文化名村保护规划,村民人均年收入超过 1 万元。传统建筑占村落建筑总面积比例为 85%,保护较为完善,拥有物质与非物质文化遗产。旸田村纯手工编织(图 4-4)的草席以黄麻、苎麻打底,做工结实,经久耐用,在金溪县乃至抚州市、鹰潭市等周边县市一带都有相当大的知名度,以至出现"非旸田草席不要"的现象。纯手工编织的旸田草席不仅结实耐用,所用到的原料有一定的药用价值;草席具有冬暖夏凉、吸汗透气等功效。

图 4-1 对桥乡旸田村无人机航拍影像(2019.8)

表 4-1 旸田村村落基础数据一览表[9]

村名	旸田村	村落属性	自然村
地理位置	江西省抚州市金溪县对桥乡	形成年代	元代以前
村域面积	2.1 平方千米	户籍人口	1 607 人
地形地貌	丘陵	主要姓氏	邓氏
特色建筑	邓氏祠堂	特色民俗	编织草席
村落名人	邓清溪	特色美食	藕丝糖
核心特征	古街悠长	国家传统村落批准时间	第四批(2016 年 12 月)

旸田村是一个以邓姓为主的大山村,邓姓历来为金溪县望族,旧时有"旸田千烟,孔坊八百,横源何源对半拆"之说。村落整体坐东北朝西南,沿村前的主路向东西分布,形成"一纵多横"的村落格局,布局紧凑,街巷肌理明晰,一条老街随建筑布置而延伸。村落南北长,东西短。村外农田广阔,村庄生机盎然。主要入口有两处,分别位于东北部和南部。祠堂是邓氏族人祭祀祖先或先贤的场所(图 4-2)。祠堂外立面以木材质为主,最外侧是门房,进入后是狭窄的庭院,上设天井;院往里就进入主厅堂前的过廊,廊道地面高

于门房及庭院，需上五级台阶进入。过廊两侧屋顶均设有方形天井；主厅堂地面高于过廊，需上一级台阶，厅堂两侧均设有房间。总宪第后改为民居，层高较高，正立面门框以上配有对称立体雕花，进入正门后进入主庭院，庭院上设天井，庭院往里便是厅堂和正房，正房在厅堂两侧，内部雕花等装饰较多，凸显宅邸主人的身份。传统民居为外斗砖内木架结构，从正门进入后为方形天井，围绕天井设置房间，厅堂位于正中最内侧，正对正门，两侧为正房；建筑的内木架结构多有雕刻图案。

图 4-2　旸田村古建筑之邓氏宗祠

图 4-3　旸田村古建筑之传统民居

图 4-4 旸田村村民编织草席场景

旸田村的手工业颇为一景。村民从八九岁的孩子到白发苍苍的老人,无一不精通草席编织手艺,家家户户都有一套自制的草席架、扣子木、绞车等草席编织工具。村落中曾流行一段民谚:"六月禾斛响,席草跟脚抢。双抢一结束,草席售各处。"意思是收割晾晒席草,与农田抢收抢种同步进行;抢收抢种结束后也不闲着,要加紧编织草席、销往各地。

二、旸田村保护开发现状与建议

目前旸田村较为欠缺的是基础设施问题:(1)无入户自来水,村民用水困难;(2)排水设施欠缺,村内有多处水井,村民生活用水以井水抽取为主,污水和雨水是通过道路旁边的明沟排水,雨水、污水合流,古村内绝大部分古建筑的天井下建有明沟或暗沟,用于排除屋面雨水与生活污水;(3)无入户煤气;(4)无公交车站,交通不方便;(5)无消防设施,有安全隐患;(6)旅游基础设施欠缺,存在环境问题和旅游便利性问题。对于村落的发展有以下建议。加强村内历史建筑的修缮和日常维护工作,对质量差的历史建筑尽快进行修缮;建议整体保护,对历史文化资源在保护的基础上进行活化利用,为传统村落保护资金的筹措广开渠道。完善配套基础设施,改善村民生活质量。另一方面,旸田村古建筑占比为85%,传统建筑保存较完整;在聚落构成、建筑形制、价值观念、生活习俗上都集中体现了地域特性,具有鲜明的地方风格和地域特征;村内经济收入较高,具备了保护和活化利用的可能性,可以在综合保护规划的基础上进行旅游规划从而发展旅游业。

第二节　石门乡石门村

一、石门村概况

石门村坐落在金溪县南部,东邻礼庄村,南与里詹村和朱家源村毗邻,西隔抚河与临川区青泥镇相望,北靠下庄窑村,距县政府驻地公路里程 22 千米(图 4-5)。因建村于石台山旁而得名石台,约于明代中期改称石门。全村 600 户 2 689 人,设 13 个村民小组,有耕地 3 600 亩(表 4-2)。民国时期至 20 世纪末,为石门乡(人民公社)政府驻地。该村先民亦农亦商、农商并重;多姓合居,和睦相处之风相沿至今。主产稻谷,兼种柑橘、西瓜,是金溪南部物资集散地和政治、经济、文化中心。

图 4-5　石门乡石门村无人机航拍影像

表 4-2　石门村村落基础数据一览表[9]

村名	石门村	村落属性	自然村
地理位置	江西省抚州市金溪县石门乡	形成年代	元代以前
村域面积	4.8平方千米	户籍人口	2 689人
地形地貌	丘陵	主要姓氏	熊氏、张氏
特色建筑	张氏宗祠	特色民俗	马灯
村落名人	熊濂	特色美食	藕丝糖
核心特征	江陵世家	国家传统村落批准时间	第四批(2016年12月)

自古以来,石门一直是多个姓氏合居村,当地有民谣曰:"先有姜、叶、赖,后有熊、何、江、张"。主要姓氏中,熊姓人口最多,约 800 人;最早迁入的是姜姓,据"姜氏族谱"载,姜姓始祖鼎生公,生于元至正庚子(公元 1360 年),现村头多为姜姓,所以村头又叫"姜家头上"。"石台熊氏宗族"载,熊姓原籍临江府清江县松湖里,始祖大兴公,字廷菊,号明斋,元至元丙子年(公元 1276 年)致仕舟次(坐船停靠)石门,见山水明秀遂家焉。因定居于村尾,故村尾又叫"熊家下里"。姜、熊、何三姓迁至石门均在 600 年以上。江、张两姓始迁祖钦七公、胜元公分别从抚州洋西、南城玉坪迁至石门,距今 400 年左右。石门紧临抚河,水运发达,上达南城、南丰、广昌,下通浒湾、南昌;这里水势平缓,便于航船;四乡物阜,利于货殖。金溪南部米谷多由石门聚集运出,抚河上游及资溪县的芦河运出的木竹多在石门停靠,再转至浒湾汇集外卖;从外地购进的商品也从石门运往金溪南部各乡。一年四季,热闹无比的码头商贾云集,宽阔的抚河波光粼粼,水鸟翔集;一艘艘帆船或逆流而上,或顺流而下,使这条千年水道呈现出美丽而繁忙的景象。数百年来石门一直就是金溪南部粮食、纸张、柑橘、木竹等物资的主要集散地和商业中心。《金溪县志》载:"清顺治八年(公元 1651 年),石门开始设塘汛(为清代驻军警备的关卡),十八年奉檄裁,康熙五年(公元 1666 年)复立,有汛兵(绿营兵)5 名驻防于此,并由县筹款修建兵营、瞭望台、墩台。"瞭望台设在从抚河上岸古码头旁,为汛兵观察抚河中的过往船只而设,以保障航运船只的安全。清初,名噪一时而被靖思蔡国用(官至宰辅)延为琪园馆师的熊履廷(丰城人)在《石门》诗中写道:"剑琴百里趋金水,烟火千家拥石门。" 20 世纪 60 年代初,抚河断航,石门村码头和渡口也随之逐渐湮灭。

石门村内传统建筑类型多样,包括宗祠、支祠、民宅、书院(私塾)、商铺,其中尤以商铺林立为特色,两条商业古街旁保留了大量的商铺建筑,包括酒坊、小吃铺、钱庄、染坊、打铁铺、木工坊、药店、纸店、刨烟坊、布店、何氏南货店(兼邮差)、肉店、豆腐坊、姜氏南杂店、马氏南货店、范氏南货店、金银店、郑氏饭店、范氏旅店、理发店、缝纫店等古商铺

30余家。村内建有熊氏(图4-6)、何氏、张氏宗祠,也有熊氏、张氏支祠。民宅多以商人宅第为主。

图4-6 石门村传统建筑之熊氏大宗祠

石门村以一条南北向及一条东西向的商业古街为核心,商铺、民居沿街边布置(图4-7),历史上依靠河运发展起来的商业市镇格局依然清晰可见,街巷地面的石条铺装留有车轮碾压的痕迹,反映出了当时石门村商业的兴盛及商人们往来的频繁。村落传统风貌建筑集中连片,商业古街格局保存完好。

图4-7 石门村传统建筑之古街巷(左)与村落内巷道(右)

石门村的非物质文化遗产与金溪县一脉相承。金溪县境内留存的省级非物质文化遗产——藕丝糖传统制作技艺在石门村传承百年以上（图4-8）。藕丝糖生产历史悠久，据《金溪县志》记载，最早产于明万历年间（1573—1620年），已有400多年历史。藕丝糖在品种繁多的糖饼、空心糖、灌雪糖等基础上发展形成，是一种以糯米熬制、拉成的糖品；藕丝糖以饴糖为主要成分，具有古方"大小建中汤"补中益气之功效。相传在明万历年间，就有小贩挑着糖担走乡串村地叫卖，每逢迎神赛会及春节前后更盛。金溪藕丝糖外似一团洁白细嫩的藕丝，素以甜、脆、香、酥著称，内包芝麻、桂花、橘饼，甜而不腻，脆香酥软，落口消融，余味绵长。

图4-8　藕丝糖

二、石门村保护与开发利用现状

与其他传统村落类似，石门村村落的古建筑因为产权、资金等问题尚未得到及时修缮，只可进行控制保护。县、乡、村干部和群众对传统村落保护的积极性较高，但因政府拨款未到位，乡绅捐款、乡政府自筹等资金来源渠道受限，社会资金难以有效投入到传统村落的保护与发展之中，古村修缮缺乏推动力，保护和发展前景堪忧。资金短缺造成了村落主体古建筑仍在无保护使用状态，部分建筑存在已被破坏甚至倒塌的风险，亟需进行抢修。另外，村民对于传统村落缺乏明确认知，参与建设和保护程度低；只有地方管理部门认识到利害关系，而大部分留守村民无法参与和配合保护工作。有学识和经济能力的在外村民则基本不参与村落开发规划，因而乡贤来源的民间资本无法获得，进一步造成了资金匮乏、村落保护不力。大量中青年离村向外发展，不仅阻断了文化的传承和延续，更是使村落失去生机活力以及规划发展的契机。

由于传统村落保护与发展的技术性、专业性较强,涉及的人员较为广泛,而抽调大量的人才专门从事此方面的工作显然不太现实。传统村落的保护工作是一项系统工程,需要学者专家、规划人员、文物管理工作人员以及营销策划人员、非遗传承等专业人士共同来完成;这些专业人员在短时间内难以集结,且无法短期内对保护策划方案达成一致,从而限制了石门村传统村落保护与发展工作的进一步推进。开发旅游产业是目前大部分古村进行产业升级改造的常用模式。目前石门村的乡村旅游服务标准、项目建设、品牌推广等方面尚未有明确方案,资金渠道如何寻找、运营模式公私如何平衡、特色产业品牌如何带动等还不清楚。另外,对于计划打造旅游景区的村落而言,缺乏专业运营景区的第三方开发经营团队,村落存在无策划无运营的状态,地方管理低效;景区的宣传模式单一化,不能因地制宜,无法让外面的人了解石门村本身的特色、无法吸引客流量。古村以规模较小的水稻种植业和部分养殖业为主,缺少能够带动升级改造的主导支柱性的产业;旅游产业的开发亟待进行,目前尚不足形成完整的产业链,表现在景区开发特色不明,游客市场不定,特色旅游资源匮乏且资金的融入不够,难以开发新的旅游项目。

三、石门村保护与开发建议

第一方面,应建立"政府主导、社会参与、群众自筹"的资金筹措机制,切实解决经费短缺的难题。①地方政府应专门建立传统村落保护奖励机制,给予财政补贴方面的倾斜,鼓励专款专用,改善传统村落的人居环境,加强基础设施建设以及古建筑群的修复工作。②可以鼓励传统村落原住民以自家房屋开展租赁活动,或将自己拥有的房屋入股到村里等形式,吸引村民参与传统村落保护、调动村民参与的积极性。第二方面,加大宣传推广。①应积极通过微博、微信、抖音等网络新媒体,建立石门村传统村落文化相关的公众号、官方微博,定期发布传统村落文化特色以及传统村落保护与发展状况的实时信息,让村落原住民更好地参与。②组建宣讲团队进行宣讲。鼓励研究专家、学者、教师以及非遗传承人组建宣讲团队,定期宣传国家各批次传统村落入围名单,宣传中央、省、市各级政府相关政策以及国内外传统村落保护的先进典型,让传统村落保护意识深深烙进村民及其他民众的心里。③设立返乡补贴、创造各种工作机会,让在外工作的年轻人加入到家乡传统村落保护工作的策划之中,为家乡传统村落保护建言献策。第三方面,需要打造专业运营模式。①可实行"公司主导、村民入股"的统一运营模式,依靠运营公司对古村进行统一开发、运营、管理和宣传推广。村民将自家的田地、农家乐、餐馆等入股运营公司,与公司互惠共赢。该模式一方面解决了乡村旅游的服务标准、项目建设、品牌推广等问题,另一方面还带动了村民共同富裕。②打造和建设第三方开发经营团队,在其技术指导和管理模式下,利用网络与新媒体的作用,通过古村微信公众号、抖音视频等进行宣传,让更多的人知道这里并产生消费欲望。

以现实而言,石门村当把旅游业作为支柱性产业,先期探索自身特色景区如明清古建筑的吸引点,做好营销推广,定位消费群体,吸引游客前来,形成良性循环,策划打造全域旅游。如依托自己的优势资源,以全村为组团,游客只需一张门票,即能享受全村游览服务,形成一票全包的套餐式游览体验模式。

第三节 浒湾镇黄坊村

一、黄坊村概况

黄坊自古就流传着"黄坊府,上尚县,印山胜似金銮殿"之说,可见其规模之大。赣东谚语"临川才子金溪书",黄坊村便位于这两地的交集之处,交通极其便利,316国道穿境而过,距金溪县城约29千米,离抚州市区约18千米。黄坊村建村1 000多年,现有80多座明清建筑,7个村民小组,400多户,1 300多人(图4-9,表4-3)。黄坊村又名举林,有着1 000多年的历史,始建于北宋嘉祐丙申年(公元1056年),始迁祖为南丰双井黄振基、黄庆基兄弟。他们少时随南丰曾巩游学于灵谷峰,并建书舍于此,后有王安石之弟王安国来游,兴起执笔提名"举林书舍",于是"举林黄坊"之名逐渐传开。"举林"意为这里举拔人才如林木一般,自"举林书舍"始,果然人文蔚起,自宋至清黄坊村仅黄、车两姓便出了近60位仕宦人物;同时保存大量的文物古迹、典章诗文与著述,文化底蕴非常深厚。民谚云:"金车黄河(何)水,不荫一棵芋(于)",便是说黄坊村有金、车、黄、何、于诸姓。黄坊姓氏较多,村中形成了六大民居聚集群,汇集了30多个姓,是一座罕见的多姓氏聚居村[9]。

图 4-9　浒湾镇黄坊村无人机航拍影像(2019.7)

表 4-3　黄坊村村落基础数据一览表[9]

村名	黄坊村	村落属性	自然村
地理位置	江西省抚州市金溪县浒湾镇	形成年代	元代以前
村域面积	16平方千米	户籍人口	1 384人
地形地貌	丘陵	主要姓氏	多姓氏
特色建筑	车大宗祠—应钦学院	特色民俗	手摇狮
村落名人	黄振基、黄庆基	特色美食	藕丝糖
核心特征	举林书舍	国家传统村落批准时间	第四批(2016年12月)

　　黄坊村的建筑规划统一。在古代,整座村庄有"举林世第"等三座门楼,有着防御守卫功能。据统计,黄坊村现有80多座明清建筑,传统建筑占村庄建筑总面积的比例达47%。村中道路通向灵谷峰,道旁有一座规模宏大的车大宗祠,是明代遗迹(图4-10)。车大宗祠属三进院落,院基渐次升高,16根16米高的木柱支撑起祠堂的整体框架,四周青砖墙到顶,天井边的围栏石雕造型别致。进入大门后便是第一个天井了,由天井到过殿,有五级台阶。在黄坊村众多的古建中,保存得最好的当属黄岩别墅。黄岩别墅又称"南平世家",是村人车先庆在清末民初所建(图4-11)。车先庆在湖南长沙做生意,为其

儿子娶亲,在家乡建造了这栋房屋。房屋占地1 200多平方米,东西两院合一,为中西合璧式结构,双层台阶上有一大门,石门匾上刻有"黄岩别墅"四个大字,书法极为精致。西院为中式结构,大门牌匾为"南平世家",寓其谨记福建祖先。福音庙位于灵谷峰山麓东南面,黄坊村上灵谷峰之路路口;因年久失修,残破不堪,近年来由村民自发组织捐款重修,现焕然一新,依旧保持古老风格,庙正堂有一尊古色古香的关帝木像,两边摆放其他雕像,庙门口新建池塘(图4-12),老池塘已不复存在,一棵古树屹立在旁,仿佛是历史的见证。

图4-10 黄坊村古建筑之车大宗祠

图4-11 黄坊村古建筑之黄岩别墅

图 4-12　黄坊村古建筑之福音庙

　　黄坊村还保留有省级非物质文化遗产——藕丝糖传统制作技艺,以及传统舞蹈手摇狮等,都已传承了百年以上。藕丝糖是江西省金溪县传统的地方名点,与金溪蜜梨、金溪方何米粉、临川菜梗同样闻名遐迩,旧时秀谷、珊城、浒湾、琅琚、琉璃等地是藕丝糖的主产地。手摇狮是一种历史悠久、流传甚广的民俗舞蹈艺术。金溪县独有的灯彩手摇狮,表演中动静结合、刚柔相济、千姿百态、活泼俏皮,令观者赞叹不已。它是灯彩表演中的佼佼者,被誉为"华夏一绝""艺苑奇葩""狮人舞蹈"。表演时,一人舞球,一人舞青狮,一人舞黄狮。舞球者要翻腾跌扑。舞狮者以下蹲步表现狮子的行进,蹲跳步表现狮子的纵跳,跪步表现狮子的静止,下蹲弓箭步表现狮子的俯伏和起跳;用"窜毛"表现狮子的翻斗;用"枪背"表现狮子的打滚;用手腕不停地摇动小狮来表现"舐毛""搔痒""扑球""叼球"等各种动作。舞手摇狮有一定的难度,它要求手脚配合、上下协调,因此演员需要具备一定的武术基本功。此外,手摇狮道具制作精巧,本身也是一种精美的手工艺品。

　　黄坊村红色资源多,有抗战遗迹。抗战胜利后,黄坊村的车其章回到家乡,来到经历过战争的灵谷峰,只见那里已是断壁残垣,瓦砾遍地,决心加以修复(图4-13)。他找人商议修复之计,并将"修复计划"印发各地,筹募修复资金;又前往湖南、贵州等省募款。时在湖南常德、贵州贵阳的黄坊村人得知情况后立即响应,纷纷慷慨解囊,总共募得法币(民国时期货币)20余万元。车其章、车林祥等人重新对灵谷峰福音庙进行规划设计,买办建筑材料,造窑烧制砖瓦;群众踊跃搬运砖瓦和木料等建材上山,并请来木匠和塑像师,历经一年多的艰辛修建,终于将日寇焚毁的庙宇修复一新。在第四次反"围剿"的金溪战役中,红军曾在浒湾一带展开过激烈战斗,红一军团医院和红二十二军军部就设立于黄坊村中。

图 4-13 黄坊村灵谷峰

二、黄坊村传统村落保护与开发现状

黄坊村目前建设用地以村民住宅用地为主,村庄主要商业设施为村民自家开设的小卖铺。道路交通方面,黄坊村现存有 8 条古巷道,以青石板铺就为主,宽度在 1.5~3.0 米;有三条车行道,分别为黄坊街、南平街、新黄坊路。古村缺少停车场等静态交通设施,不能满足全村居民生产、生活及旅游发展的需要。给排水设施方面,村内分散有众多小水塘和古井,村西北有白水寺水库。村民日常生活用水主要通过水井提取地下水分散供给;古村排水方式是雨水、污水合流,古村内绝大部分古建筑的天井下均建有暗沟或明沟,用于排除屋面雨水与生活污水,排入村中的池塘。黄坊古建筑群内部的大部分排水沟均通畅,能满足雨水和生活污水的有效排放,但也有少部分明沟存在随意堆放垃圾的现象,造成排水明沟多处淤塞。生活污水排入池塘,不利于古村落的环境保护和村民生活质量的提高。电力电信设施方面,村落内 10 kV 电力线由浒湾镇变电站接入,市话电缆由浒湾镇电信所接入。电力、电信、有线电视线路基本能满足生活生产的需求,但由于部分线路为架空敷设,破坏了黄坊古村内部的景观风貌。环卫设施方面,黄坊古村部分区域设置有垃圾箱,但整个古村卫生条件一般,部分垃圾箱服务半径过大;古村内没有公共厕所,难以满足古村未来旅游发展的需要。

总体来说,村落经济相对落后,经济结构较为单一,以第一产业为主,村民整体生活水平较低;古村内的生活污水未经处理通过明沟或是盖板明沟直接排至村中池塘,对古村落水体造成污染;古村内大部分古建筑老化,基础设施不全,电力线路架设杂乱,有着潜在的火灾隐患;部分古建筑内部通风采光严重不足,且缺乏必要的厨卫设施,远不能满足生活水平发展的需要。这些都使得古村落的居住环境质量不高,村民生活水平亟待改善。村委和村民共同的建议和意见包括:加强对车大宗祠的修缮和日常维护工作、尽快整理维修质量较差的古建筑,并找到合理利用的方向,解决村落保护和民生问题。建议进行整体性保护,对历史文化资源在保护的基础上进行活化利用;为传统村落保护资金的筹措广开渠道;同时完善配套基础设施,改善村民生活质量。

三、黄坊村传统村落保护与开发建议

黄坊村的特色在于其作为元代之前诞生的古村,明清建筑数量达到 80 多个,且建筑雕花颇为精致,令人由衷赞叹。其特色古建筑为车大宗祠,正面为五开间格局,宏大开敞的空间、粗硕规整的梁架、古朴的构架与柱础,整个建筑物显得十分宏伟大气,并装饰以石雕,昭示着这幢明代建筑的风格特色。这里也是以国民政府前军政部长何应钦命名的金溪县最高学府"应钦中学"办学地。另外,黄岩别墅东院为清代建筑;西院为民国建筑,其大门门楼上镶嵌"南平世家"寓意福建来源。黄坊村还具有红色资源,留存抗战遗迹。虽然古村有如此丰富且具特色的优质资源,但黄坊村目前的传统村落保护与发展成绩并不突出。早期的传统村落缺乏规划,现虽有规划但保护与发展的定位尚未明确。除了车大宗祠受到重视外,很多古建筑仍然存在维修质量较差的问题,且无合理利用的方向。和其他整体保护型传统村落类似,问题集中于修缮保护资金、管理、运营、开发等方面,加之基础设施建设并不完善,黄坊村的传统村落保护开发还有相当长的路要走。

黄坊村当下除了做好基本的设施建设、保护古建筑古文化外,重点需要找到古村资源合理利用的方向并重点打造。例如,以红色金溪第四次反"围剿"战役的背景为着力点,效仿左坊镇后龚村红色文化旅游建设,打造特色参观体验类景区,以抗战历史背景讲故事,突出黄坊村军事和战争历史资源游览的特点,同时借助车大宗祠等古建筑,形成具有基础业态的旅游景点,并利用媒体同步进行传统村落休闲旅游宣传推广。这些建设需要大量的资金保障,因此,和其他传统村落一样,黄坊村的保护与开发离不开金溪县的政策支持和相关部门的管理。金溪县已有保护与开发较为成功的样板村可循,可见外部大环境和政策问题不是导致黄坊村停滞不前的原因,须从自身管理和运营方面多加考虑。

第四节　其他整体保护型传统村落

一、陈坊积乡高坪村

(一) 高坪村概况

高坪村地处陈坊积乡西面,为金溪、临川、东乡三县交界之处,旁临东临公路,交通便利。村域面积8.06平方千米,约300户,户籍人口2 000人,主要为乐姓。村庄始建于元末明初,现存大量有着精美雕花的明代建筑,并于2019年6月被列为第五批国家传统村落名录(表4-4)。高坪村属典型的丘陵地带,且河流众多,有大小水库十余座,水利资源丰富且土地平坦,只东面有一座大山,可谓宜居之地(图4-14)。高坪村属陈坊积乡管理,紧挨城湖村、西桥村、涂坊村,山清水秀,人杰地灵,物产丰富。村内主要农产品有番石榴、红苕、青豆、酸橙;矿产资源有锰、钴、方硼石、煤;还有陈坊出口花爆厂、高坪村公所、金溪陈坊五洲花爆厂等企事业单位。高坪是北宋名臣乐氏的后裔村,始迁祖乐少四公,即八大公(宜黄霍源十七世)三子少四公(宜黄霍源十八世)由东乡濂溪迁至。村中人丁兴旺,村民们大多以爆竹生产和售卖为生,务农为辅,素来有着"爆竹之乡"的美誉。

图 4-14 陈坊积乡高坪村无人机航拍影像

表 4-4 高坪村村落基础数据一览表[9]

村名	高坪村	村落属性	行政村
地理位置	江西省抚州市金溪县坊积乡	形成年代	元末明初
村域面积	8.06平方千米	户籍人口	2 000人
地形地貌	丘陵	主要姓氏	乐姓
特色建筑	定香禅院	特色民俗	马灯
村落名人	乐史、乐钧	特色美食	藕丝糖
核心特征	雕花工艺	国家传统村落批准时间	第五批(2019年6月)

　　高坪村的传统建筑颇具特色。其中的定香禅院建于清康熙戊子年(1708年)(图4-15),世祀灵济禅帅为守土之神,院内墙上嵌有清乾隆四十一年贯溪县儒学教谕乐三省所撰《定香禅院记》重刻碑文,其载:"乐氏族人之定香禅院始建元末明初,三易其址。灵济禅师,唐武宗时人,自池阳来寓临川延寿乡,于丛林下燕坐,诵一字顶轮王咒,凡二十年不寐,曰旸而旸,曰雨而雨,乡人因建精舍居之,号孔仙院。"从定香禅院沿路向西行不远为彦辉公祠,匾额纪年显示祠堂始建于明万历年间,清道光年间重修,门坊上人物造型雕刻图案已遭毁坏,祠堂坐北朝南,内部布局两进两天井,梁柱粗硕雄伟,在金溪十分罕见(图4-16)。村里建筑鳞次栉比,街巷均为青石板铺就,宽敞明净;村落以一

横一纵交错的"十字型"街巷为中心,向四周扩散布局。村落多有从明代至民国时期的各种天井式赣派建筑,俨然大村风范。中街形状呈"丰"字形,有丰收的吉祥寓意。

图 4-15　高坪村定香禅院

图 4-16　高坪村古建筑之彦辉公祠

舞龙灯是起源于中国的传统舞蹈形式。在高坪村马灯表演、舞龙和舞狮是一年中的重要节日里的节目之一,如高坪村村民每年都会在元宵节这天舞龙灯。时逢佳节庆事,高坪村每一户人家都会做米饺、食米饺,米饺成为高坪人重要的节日美食;特色美食为藕丝糖。

(二)高坪村保护与发展建议

目前高坪村的保护与发展主要集中于对古村的保护修缮。高坪村正努力争取政府拨款,使修缮资金到位。村子未来应积极发展村集体经济,开发山林增加收入,以及高标准农田改造,以期增加群众收入,提高村民的生活水平。

二、石门乡横源村

(一)横源村概况

金溪县石门乡地处金溪西南的抚河之滨,距县城 22 千米,东与左坊镇相邻,南与南城徐家乡接壤,西与临川鹏田乡、青泥镇隔河相望,北与琅琚镇相连。横源村是隶属于石门乡的一个小自然村,村域面积不到 2 平方千米,以丘陵地形为主,村内约 800 户籍人口,有特色民俗龙灯表演,特色美食藕丝糖,2019 年 6 月横源村被列入第五批国家传统村落名录(表4-5,图4-17)。南宋乾道年间(1165—1173 年),横渠先生张载的后代,著名思想家、教育家、理学创始人之一张公绮,从南城县迁居金溪县横源,至今 800 多年。横源古村分新、老两族,曾经有九井十三祠,是远近闻名的大家族。老族号称"冠盖里",取古诗"冠盖满京华"之意;新族由老族发展而来,坐落在太师交椅形山之下,始建于明代嘉靖十九年(1540 年),乾隆十四年(1749 年)进行大规模整修。

表 4-5 横源村村落基础数据一览表[9]

村名	横源村	村落属性	自然村
地理位置	江西省抚州市金溪县石门乡	形成年代	元代以前
村域面积	近 2 平方千米	户籍人口	800 人
地形地貌	丘陵	主要姓氏	张氏
特色建筑	大夫第	特色民俗	龙灯
村落名人	张性	特色美食	藕丝糖
核心特征	虎头格局	国家传统村落批准时间	第五批(2019 年 6 月)

图 4-17 石门乡横源村无人机航拍影像

村内现存古屋老宅很多,最出名的是题为"州司马"的老屋(图 4-18),号称"九十九重门",房屋随着斜坡形地势,由低到高、从下而上层层递进,建有官厅府堂,前为"大夫第",西为"介兹堂"(图 4-19)、"斗室光生",东为"滋兰轩",后有"柏轩书院"。横源村布局极具

图 4-18 横源村古建筑之州司马

特色,村落南、西、北三门都是高岭,唯独东门前景开宽,号称总门。新族格局呈"虎头形":总门前有水塘,象征虎口;塘岸竖立八对旗杆石,象征虎牙;总门前有下马石一墩,象征虎鼻;左右两边对称布置有古樟树、古井、围墙,象征虎眉、虎眼、虎耳;由总门进村为一条直街、三条横街(图4-20),象征虎头"王"字(图4-21)。各街街口都设有两座小楼,连接两边街墙;村落东南西北各有门关,俨然一座城堡。关于村子按"虎头形"布局,还有这么一个传说:村里有个秀才深夜回家,路遇猛虎,猛虎不仅没有吃掉他还给他让路。猛虎说:"我只吃恶人。好人头上有祥光三尺,恶人头上黑气漫漫,我自能辨之。"从此横源的百姓把能辨善恶、惩恶扬善的老虎作为信奉对象,以驱逐邪恶、迎来福瑞。

图4-19 横源村古建筑之介兹堂

村落的名人主要有两位,一位是元代著名学者张性,他的《杜律演义》是古代第一部专门研究杜甫律诗的学术著作,影响深远,至今仍有不少学者对其进行研究;另一位是明代陆王学说传人、王阳明嫡传徒孙、书画家、进士张应雷,虽然其官阶很低,却很有气节、政绩颇丰,他的书法被称为"墨妙子昂之意"。张氏在横源开枝散叶后,非常重视人才的培养,家训就有"子弟贤否,乃门户兴替之所关也。为吾后者,必岁延名师以教,诲之其成。资质庸鲁,气习顽悍,亦当涵育熏陶,俟其自化,毋得弃而不教,听其入于下流"之语。

图 4-20　横源村落之古巷

图 4-21　横源村"虎头形"的整体布局

800多年间,横源儒风盛行,人文蔚起,不仅没有辱没横渠先生之名,而且光照史乘,浓墨重彩地展现在世人眼前。横源先后有14人考中举人,其中2人还成为进士,是金溪有名的科举家族。值得称奇的是,族谱以《荣登录》的形式,较为完备地记载了家族历代功名情况。其中对贡生、秀才的记述,将其考取年份、督学姓名悉效开列,这在金溪县可能是独有的。作为一份科举史料、一个家族样本,其学术价值不可低估。此外,横源张氏子孙40多人在同治《金溪县志》中有传记,其中不少人的事迹还被其他史志文献登载。

(二)横源村保护与发展建议

横源村作为石门乡颇具特色的传统村落,从其保护与发展现状和基础设施建设来看,已经具备了发展升级产业的条件。调研显示,整体村落已经初步有了旅游观光景区的雏形。今后的发展建议:第一,加强对古建筑的保护,注重村落的传统格局、风貌以及自然和田园景观等空间形态与环境的保护;第二,要注重保护发展传统村落文化的完整性,文化是传统村落的灵魂,要尽量维持村落历史文化脉络的延续性和可读性,注重村落的原真性;第三,将新农村建设与古村落保护相结合。

三、琅琚镇疏口村

(一)疏口村概况

疏口村隶属于抚州市金溪县琅琚镇。金溪地处江西中部,抚河中游;东与贵溪、资溪交界,南接南城,西邻临川,北连东乡、余江。疏口村村域面积5.09平方千米,以山地地形为主(图4-22),吴氏聚居,有户籍人口1 450人,村内有特色建筑咨礼公祠等(表4-6)。2014年11月,疏口村被列入第三批中国传统村落名录。金溪曾有座名寺唤作疏山古刹,古刹所在地原是琅琚镇疏口村吴氏先祖的居住地。疏口村距疏山古刹2.5千米,位于疏溪河北岸。站在疏溪河南看疏口,面积约5.09平方千米的村子,就像一把巨大的拂尘,一条东西向直街犹如拂柄,南北向街道和无规则的巷道交错组成一个半圆形,形如拂尘端部。如此形状的村庄当然和佛教有缘。

图 4-22　琅琚镇疏口村无人机航拍影像(2019.8)

表 4-6　疏口村村落基础数据一览表[9]

村名	疏口村	村落属性	行政村
地理位置	江西省抚州市金溪县琅琚镇	形成年代	元代以前
村域面积	5.09平方千米	户籍人口	1 450人
地形地貌	山地	主要姓氏	吴氏
特色建筑	咨礼公祠、吴敬恩故居	特色民俗	手摇狮、民间灯彩
村落名人	吴会之、吴悌	特色美食	藕丝糖
核心特征	佛缘古地	国家传统村落批准时间	第三批(2014年11月)

疏口村的传统建筑集中成片，整体风貌完整，直观地体现了地域的文化特色和古代抚河流域人们的生活场景，具有极高的历史、科学和美学价值。现存物质文化遗产有明清古建筑及遗址149处，古石桥1座、古石亭1个及古井4处，大致分类有祠堂4座、书院3座、门楼3座、民宅139栋，其中有明代祠堂与门楼各1座、明代民宅7栋。这些古建筑都是人类历史文化长河中不可或缺的民族瑰宝。恒三公祠位于村西门东面，与东边的"东壁书房"一字横列，宽20米，进深18米(图4-23)。恒三公号雪樵，仕至彭泽知县，有记载其"缓催科、兴学校，解组日行李萧然，万民泣送。"抗战时期，经省财政厅厅长吴健陶的推荐介绍，江西省"正德中学"曾从南昌搬迁至此办学一年多时间，师生共计一千余人。正德中学便是以疏口的这几座祠堂为教学与生活场所。经岁月雕琢的恒三公祠，门额上"恒"字似乎早已模糊不清，厚重的砖石，出挑的飞檐，门角的雕花，都在以另一种特殊的

图 4-23　疏口村古建筑之恒三公祠

方式展示其浓浓的历史感。"书山垂荫"宅位于下边街,为疏口元代进士吴会之的后人所造,吴会之人称"书山先生",故宅总门石匾刻"书山垂荫"四字(图 4-24),其雨檐精巧秀丽、典雅大气。正屋分为两堂,大门向着院子,其"堂楼下"应是户主年老时幽居之处,比正屋更为精致华美。"堂楼下"背后是一排舍屋,应是下人住处,开有耳门进出。檩木、横梁、屋面、门楣、木雕、隔扇这些中国传统建筑中必不可少的元素为古建筑平添了一份精巧与别致;砖墙栩栩如生的雕刻,门木上独具匠心的雕花,为古宅增加了十足的文化韵味。

疏口村传统建筑的木雕属于"高精尖"技艺型手工加工艺术,这方面全国的传统村落均面临技艺失传的危机,当下潜心修复古建筑的专业雕刻工匠更是少之又少。疏口村雕刻技艺工作者却始终心无旁骛地修复着古建筑的损耗,通过木刻、木雕的细节打磨,维护着古建筑的昔日荣光(图 4-25)。若非疏口村的禅心理学遗韵锻炼了村民这种"工匠精神",而得以让这种细腻工艺代代相传,实难再寻到技术人员能完成此任务。

图 4-24　疏口村古建筑之书山垂荫

图 4-25　疏口村古建筑装饰木雕手工制作场景

(二) 疏口村保护与开发现状

疏口村保存着较为完整的传统村落格局,但因当地村民早期建新宅而弃旧屋,导致老宅废弃,空心现象越来越严重,部分古建筑逐渐被遗弃进而破损坍塌。鉴于传统建筑保护与开发理念,考虑到传统村落的旅游资源价值,疏口村近年来被旅游开发公司收购,经当地政府授权允许,开发公司投入7 000万元,政府投入661.5万元,用以对村落内70余栋古建筑产权收购、村落总体设计规划以及6栋传统建筑修缮和18口水塘的环境整治[63]。在此过程中,开发公司出资收购村民拥有的古建筑产权,对古建筑进行修缮保护改造,由村民理事会进行协调;政府出资建设旅游开发配套设施;文旅专家则有偿协助企业对保护修缮进行规划设计把关,形成了以开发公司为主导,政府、乡贤、专家、村民多维协助的保护开发模式。作为主体,开发公司以民宿和旅游为主的开发方向,虽能有效地保护开发传统建筑,但并未能做到对古建筑的"修旧如旧",另外因公司收购了村民拥有的产权,导致村民自主保护与开发传统村落的可能性减小而离开,传统村落的发展并不尽如人意。但以公司主导模式却是类似于疏口村这样本身特色并不鲜明的传统村落可行和可选择的一种现实模式。

第五节　本章小结

对于数量占比最多的整体保护型村落而言,尽管相对于应急抢救型古村,其村落规划已经完成,遗迹的保护也非无人问津,但总体来看其发展仍然有很大潜力。目前主要问题在于村落古迹保护主导模式的选择,政府、第三方公司、乡贤,抑或是几方共同主导,具体何种传统村落匹配何种模式,目前研究数据有限,并不能直接说明问题和套用,因而需要更深入地对传统村落进行聚类分析和研究,以求得普适性的保护开发模式。另一方面,传统村落的保护开发与民生鲜有交集,甚至与民本思想产生冲突,例如疏口村。村落在发展民生的同时并没有注重传统遗迹的保护,或是注重村民自身产权问题,部分村落村民收入尚可,生活品质达到最低标准,但因其离开而引起古迹濒临湮灭的尴尬现象须引起重视。部分村落古迹的保护已经颇具成效,但基础设施建设着实匮乏,导致民生问题突出,用何种主导模式发展依然无法理清。另外,外观整整齐齐的古村落仍然存在不少濒临损毁的古建筑,不是无人问津就是修缮不到位,虽数量不多但必须引起足够重视。形成这些问题的主要原因仍然与村落的规划、管理、资金问题脱不开干系。因此,建议尽快整护维修村内质量较差的古建筑,改善村民居住环境;大力宣传和加强村民对古建筑群的保护意识,对古村落进行合理有效的保护;增加保护经费投入,扩充资金来源渠道,扩大保护力度和保护范围。

第五章
金溪县活化利用型传统村落保护开发案例研究

　　活化利用型传统村落相较于前文两类而言，其传统村落的基础设施建设初具成效，古迹和现代产业逐步融合，具非大面积修缮维护古建筑特征，且拥有村落的具体规划，每座村落有1~2个除种植业以外其他产业发展的潜力和可行性，后期能以旅游产业带动村落的保护利用，将传统村落的古文化遗迹和资源转化为经济和民生价值，形成产业赋能乡村振兴的类型。其存在的问题更多侧重于一些基础设施的细节、古建筑的进一步修缮，以及目前产业的可持续发展。

　　近年来金溪县的双塘镇竹桥村、左坊镇后龚村、秀谷镇大坊荷兰创意村、合市镇游垫村等因地制宜，先后应用所有一经营权分离、多样化资金筹措渠道、高科技文化创意等手段，已经在当地形成了特色活化利用开发产业和提升村民收入的新经济增长点，四者分别被称为金溪古村活化利用样板的"1.0版""2.0版""3.0版"和"4.0版"[10]，且这些村落之间距离较近，集聚效应较好，被地方政府和各部门所肯定并被媒体报道，已形成具有一定产业效应的传统村落群。本章将通过调研剖析具体村落产业发展及规划现状，展示其已初步成型的旅游产业特色与特点，分析其管理、资金、运营等多维发展成长模式，以总结归纳其保护与开发策略推广的可行性。

第一节 "保护为主"——"1.0版"双塘镇竹桥村保护与开发实践分析

一、竹桥村概况

竹桥古村最初建于元末明初,俯瞰下的竹桥古村犹如一把巨型折扇,小巷错落有致,古屋鳞次栉比(图5-1)。地处江西省抚州市金溪县城北约10千米处,北近龙虎山景区,南临大觉山景区,济广、抚吉高速和206、316国道临村而过,交通通达度高,为江右民系聚居的古村。古村面积约2.8平方千米,坐北朝南,有200多户村民聚居在此,主要为余姓,素有"天下余氏,千年竹桥"之美誉(表5-1)。随着城市化的不断发展,人们对于田园生活有更多向往,竹桥古村以其丰富的自然资源和人文景观走进人们的视野。随着乡村振兴战略的提出,竹桥古村的开发与保护得到进一步发展,2009—2010年先后被评为国家级和江西省历史文化名村,于2012年入选国家级传统村落;配合网红综艺节目《爸爸去哪儿》第四期拍摄,登上《最美古村落》公益榜单;2018年成功获得"AAAA级景区"的称号;2020年获得国家森林乡村称号,其发展遥遥领先于其他传统村落。

图5-1 双塘镇竹桥村无人机航拍影像(2019.8)

表 5-1　竹桥村村落基础数据一览表[9]

村名	竹桥村	村落属性	行政村
地理位置	江西省抚州市金溪县双塘镇	形成年代	元末明初
村域面积	2.8 平方千米	户籍人口	823 人
地形地貌	丘陵	主要姓氏	余氏
特色建筑	文隆公祠、余大文堂	特色民俗	马灯、手摇狮表演
村落名人	余壁恒、余为霖	特色美食	藕丝糖
核心特征	AAAA 级景区	国家传统村落批准时间	第一批（2012 年 12 月）

竹桥村作为一座江右民系聚居的古村，保存有明清时期风格，格局比较完整，赣派建筑成片聚集的古建筑 150 余座，以及古祠堂 100 余座、明代牌坊 8 座、清代牌坊 30 余座、古民居 1 万余幢。古建筑之一的文隆公祠，位于竹桥古村西侧，建于明朝嘉靖年间，现上下堂已倒塌，只有中堂尚存。村东的镇川公祠与其他祠堂不同，两侧为"培兰""植桂"门，"培兰""植桂"意即培植人才，此处为竹桥人延师教子之所在，先生可以在此起居课读；金溪一中在抗日期间曾迁于此，后一直为竹桥完小所在，直到 1993 年才搬出。两边建有裙屋，三栋一排，连成一体，建筑面积达 600 余平方米，内有大小 10 个天井，其结构之复杂可见一斑。祠堂前一块空地，面积 300 余平方米，对面一门洞开，直达花园，门楣上石刻"对云"二字，上下落款分别为"乾隆丁丑春"和"曹秀先题书"（图 5-2）。据《江西历代人物》及《清史稿》载：曹秀先（1703—1784），字恒听，号地山，江西新建人，乾隆元年（1736

图 5-2　祠堂前门楣石刻"对云"字迹

年)进士,后晋礼部尚书,曾任《四库全书》馆总裁。"对云"二字为"对我生青云"之意,希冀培育人才、青云直上。此为曹秀先留在金溪的一处遗迹,弥足珍贵。

古建筑之步云公祠坐落在村直街中段(图5-3),砖木结构,建于乾隆五十八年(1793年),面宽14米,进深23米,建筑面积322平方米,保存完好。1933年1月底,赣东北红军主力红十一军军长周建屏和政委邵式平率军进入金溪县,周建屏利用此机会,骑马回到竹桥村后仅1.5千米的老家左源村,在步云公祠接见了乡革委会的同志,召开群众大会,将自己的房屋和几十亩田地分给贫苦农民,并住在步云公祠。同年4月3日,红十一军进驻竹桥村一带,派工作团帮助地方在竹桥村建立了金溪县第一个苏维埃红色政权,农民运动革命委员会就设在步云公祠内。步云公祠成为一处具有重要价值的近现代革命文物。

图5-3 竹桥村古建筑之步云公祠

竹桥中门楼前用青石板铺成一个"本"字,门楼后一个"人"字。木者,根也,意为村人不管在外读书做官,还是经商致富,"根"都在竹桥。落叶要归根,人不可忘本。这个"本"字凝练了家族的聚合力。"人本"二字联在一起,可以联想到竹桥先人"以人为本"的意识。竹桥村总门楼始建于元末明初,为风水师廖禹先生所定;总门楼前有古井三口(图5-4),呈"品"字形排列,井周都围有石栏杆。"品"字寓意喝了这里的井水,不管是为人、为学、经商都要讲究品德。

图 5-4　竹桥村古井

千百年来,竹桥人培育出一种顽强奋进的进取心态,不论为官、为商、为学、为农,都有着强烈的责任感和使命感,产生了诸多杰出人才。康熙时任山东齐东(今邹平市)知县的余为霖,抗旱救灾,给民牛和种子鼓励耕种,革除弊政,颇有威望;后归养老母,亦勤于读书著述,著有《石松堂集》等。乾隆时期的余壁恒,幼有才名,但久考不中,教书 40 余年,学生多考中为官,壁恒到 73 岁时,犹和诸生共应乾隆五十一年丙午(1786)乡试,老而志锐古今少见,后受聘于省城南昌朱氏书馆授课,卒于书馆。

二、竹桥村旅游资源特色

(一)自然景观资源

竹桥古村所在的金溪县属于多雨的亚热带湿润气候,四季分明、光照充足;水网密集,降水充足。金溪县森林面积较大,其中竹桥古村森林面积约 1.067 平方千米,超竹桥古村总面积的 1/3;水面面积约 0.035 平方千米。竹桥古村选址于丘岗地带,依山傍水,村口有一大片荷花池塘,以及一株 700 多年的古樟见证着竹桥的变迁发展;清澈的池塘辉映着古老建筑,背靠植被茂盛的小山丘,溪流静静流淌绕村而过,村内田地广袤,村外山脉延绵。总之,竹桥古村山水和谐,青石古道,植被繁茂,人与自然和谐相处,其地理环境形成完整和谐的自然生态系统,被誉为"国家森林乡村"与"江西康养旅游打卡地"。

(二) 人文景观资源

竹桥古村始建于元末明初,是我国四大雕版印刷基地之一。竹桥古村的建筑布局仍沿用明清时期的样式,格局完整,古韵悠长,青砖灰瓦的古建筑鳞次栉比。古村风貌像一部史书,每一处遗迹都在诉说着曾经的历史,门楼、古井、宗祠、匾额、庙宇、书院以及雕版印书技艺等竹桥古村特有的文化遗迹展现着竹桥先人的智慧,美轮美奂的砖雕、木雕、石雕综合了镂雕、圆雕、浮雕、透雕等各种艺术手法,栩栩如生,精湛技艺充分展示出竹桥先人的审美情趣与中华优秀传统技艺的珍贵。金溪竹桥村作为江西省传统特色村落之一,其明清建筑群落保存完善,装饰艺术精美、题材丰富、工艺精湛、风格独特,以木雕与石雕独具特色[10]。独具特色的古村落体现了明清时期江西民间建筑艺术的辉煌[85]。

竹桥古村的门楼串联起整个村落,进入村口的第一道风景线便是始建于元末明初的总门楼,总门楼前的三口古井便是品字三井,用雕花石栏围砌,寓意品贤德善是余氏家族的立根之本。再往前便是建于乾隆年间的上门楼,又称"谏草传芳"门,为纪念宋代先祖余昌言向皇帝书谏得到采纳而建。官帽形状的为中门楼,为典型的石库门样式,其较为低矮,文武百官到此下马下轿,旁边设有系马石桩一根。下门楼也叫"光禄世第"门,砖石结构。这些门楼不仅设计考究,功能性也很强。三门拱卫,使得村民生活更为安宁恬适。

(三) 文化资源

竹桥村原名月塘村,余氏祖先将其改名为"祝乔","祝"即祝福美好,"乔"即乔迁,也就是祝福余氏乔迁。一是为了庆祝余氏家族乔迁得此风水宝地;二是寄望余氏家族子孙万代可以永保太平、安居乐业,整个家族得以兴旺发达、长久不衰。余氏家族定居江西几百年后,到了道光年间,余氏家族人丁兴旺,"祝乔"的美好愿望得以实现。在修整家谱期间,余氏后人余恒建议用"祝乔"的谐音,将村子的名字改成"竹桥"。此想法一是为了纪念村前那座几百年历史的"竹桥",二是寄希望于余氏后人要像竹子一样,刚正不阿,清丽俊逸。这个提议得到村里人的认可,于是新的村名"竹桥"由此而来并沿用至今。几百年来,余氏族人除务农外,大部分人从事商业,这些经商的余氏后人谨记祖先"做人要以德为本"的训导,诚信忠厚,淳朴仁爱。安居于这一方乐土,生意越做越大,造就余氏家族一代又一代商界翘楚。余氏后人经商致富后始终不忘初心,在竹桥村兴建宗庙祠堂及教育机构。现如今,这个古村落还有200多户人家,村民近千人,余姓为这里的单一姓氏。

在金溪古村落中一个特有的现象就是"学祠一体"。竹桥古村的居民自古儒商并重品读为先,竹桥的镇川公祠是余氏后人事业成功后谨遵竹桥不忘本的传统而回村修建的。公祠一部分是中堂,一部分是书室。一侧命名"培兰"为女子读书之处,一侧命名"植桂"为男子读书之处。苍岚书房则为私塾先生执教之所,屋外门楣题有"拜石"二字,有寓意点石成金。

竹桥先人为金溪本土雕版印书之鼻祖,以竹桥商人为主的金溪书商为中国古代六大商帮之一江右商帮的重要分支。雕版印刷为国家非物质文化遗产,竹桥是金溪书的发祥地和主要承印地,村内至今还保存着古代雕版印刷作坊遗址两处,其中最大最完整的古雕版印刷作坊为养正山房,宽16米,深24米,占地384平方米,对考证江西印刷史有重要的研究价值。民间谚语"临川才子金溪书",就表明金溪县是古代江西雕版印书中心。

三、竹桥村保护与开发现状

(一)竹桥古村保护现状

始建于元末明初的竹桥古村位于抚州市金溪县双塘镇。竹桥古村保护开发的模式主要是通过引入公司运营,使古村规范化运作,提升古村运营效率,补齐产业链短板,锻造产业链长板,提升竹桥古村的影响力和知名度。由此形成了古村镇、传统文化以及生态资源立体化保护的"金溪模式"[10]。据访谈得知,竹桥古村在保护开发前鲜为人知,属于贫困村,交通不便,以狭窄崎岖的泥土路为主,村内青壮年大多外出务工,古宅破败,文物被盗卖等现象层出不穷。2005年县文物管理局到访,在乡村振兴大背景下,竹桥古村得到保护与开发,以文化和生态为基点,突出其"书乡"文化,开发生态旅游。在发展中也还有许多方面需要完善。

对于年久失修的古建筑,竹桥古村在保护村落原貌的基础上,聘请团队抢救修缮祠堂、书院等古建筑和文物,文隆公祠、镇川公祠、苍岚山房、余氏大屋等古建筑都已修复完成。引入社会资本和政府合作对传统村落进行开发升级。拆除与景区整体古韵氛围格格不入的私搭乱建建筑。因此目前古村建筑格局比较规整,但景区内的细节打造还不够到位,一些现代元素与景区仍格格不入。

随着竹桥古村旅游业的不断发展,游客数量逐渐增加,一系列问题也接踵而至。旅游活动对村内的水体以及环境卫生产生影响,一些旅游者在水塘中乱扔垃圾、在古村建筑和古树上随意刻画,严重破坏了古村的环境和风貌。因此对古村进行合理的旅游规划,首先建立健全相关旅游规范与行业基准;其次针对问题做出实际行动,如对荷花池塘进行清淤排污,对村道破败的青石板进行翻新,对于古村原本的自然生态环境坚持保护优先,开发与保护同时并举;最后,建立生态旅游产业环境认证制度,用制度规范各个主体的行为。

竹桥古村自然环境优越,山水相依,田园风光迷人。古村通过培育茶园、黄栀子和荷花基地,使农业绿色生态资源成为其生态旅游的重要组成部分。这样既保护了古村的生态环境,保留村民原汁原味的生活方式,又为古村的旅游增添了一抹不可或缺的风景线。目前竹桥对于古村建筑、环境、生态的保护虽有一定的成效,但仍需进一步完善。

(二)竹桥古村开发现状

竹桥古村经过抢修恢复后知名度提高,许多游客慕名而来,一些制约景区发展的瓶颈问题也渐渐浮现,如村民兼任导游,导游词不统一,服务水平参差不齐;景区商贩随意摆摊现象严重,未建成管理规范的商业一条街等。

针对这些问题,竹桥古村制定了景区运营规范制度,包括《金溪竹桥古村旅游景区停车场管理制度》《金溪竹桥古村旅游景区咨询服务规范》《金溪竹桥古村旅游景区卫生管理制度》等六大项制度。竹桥古村还在公共交通方面对道路、桥梁进行了整修维护,拓宽道路,修建竹桥旅游大道,整修生态游步道,建立了公交站台,设置了旅游标识,方便村民出行和游客游览。在游客接待方面,竹桥古村修建了完善的游客服务中心并打造一支比较专业的导游队伍,设置了旅游导览图,标识标牌规范,停车场宽敞平整,建设有旅游公厕。在其他相关基础设施方面,还设有医务室、保安室,配备专门的保洁队伍,还有公用电话亭、主题邮局、移动、联通、电信网络全覆盖,规范咖啡吧、休闲茶歇、旅游商品店面的管理。但是在管理过程中,也出现了忽视古村本身最重要的原生态现象。

竹桥古村经过大规模的开发,首先助推了脱贫攻坚。据当地旅游管理部门介绍,古村在得到有效保护和开发后,平均每天接待游客达 3 000 人次,节假日甚至达 1 万人次以上。旅游业的发展带动了当地 200 余人发展餐饮、民宿、农事体验等古村新业态,帮助本村及周边村组 300 多名贫困户实现就业,拓宽了居民增收新渠道,提升村民获得感和幸福感。其次助推乡村振兴,竹桥古村进行"乡村+体验""乡村+美景""乡村+美食""乡村+演艺""乡村+文化"等一系列创新开发实践。打造生态农庄,修整荷花塘,定时进行非遗表演,例如手摇狮、马步灯、蚌壳灯等;还设置了古村文化广场,表演藕丝糖、印花饼等特色美食制作。最后,竹桥村的保护开发还助推全域旅游,从系统思维出发,着眼全域、全业、全面、全局,推动农旅、城旅、文旅等融合发展,由原来单一的古村观光游发展成"茶园观光游""茶文化体验游""香文化体验游""城市休闲度假游"等多元方向,形成全方位、多层次、宽领域的古村发展格局。

四、竹桥村保护与开发存在的问题分析

通过实地调研与广泛的资料搜集,得出竹桥古村目前发展中存在着包括文化、主体、宣传、产权融资、旅游业态、生态环境等方面问题,下文逐一分析探讨。

(一)城镇化冲击传统村落,文化原真性逐渐褪色

在抚州市保存的传统村落中,金溪县数量最多。随着城市化进程的加快,受开发建设的影响,一些传统村落正逐渐消失,部分流传的民俗也逐渐消亡。2006年开始,金溪县开始注重传统村落保护和开发利用,经过抢救、修缮,古村面貌焕然一新,但也出现了千村一面的古村改造现状。

在原生态体验方面,竹桥古村流水潺潺,恬静优美,村民从事着农耕生活悠然恬淡。然而随着竹桥古村经济不断发展,游客增多,原来的村庄生活模式发生改变,村民自发卖起小吃饮料,摊点无序、小吃卫生堪忧,古村不仅未彰显原生态的田园生活,反而商业化严重,导致传统村落的历史风貌遭到一定程度的破坏。2018年竹桥古村与古村运营公司共同开发运营景区,注重古村开发的经济价值更甚于对其的保护,建设了咖啡吧、茶吧、书吧等,景区业态不断丰富,却逐渐脱离了初衷。竹桥古村目前属于多元化发展,采用沉浸体验和农家乐模式等,景区的布置借鉴了其他旅游区,商业感浓厚,原生态却所剩无几。

在古村文化传承方面,首先,竹桥村有古祠堂100余座,祠堂中记载着竹桥几百年的兴衰荣辱,而现代发展或多或少地忽略了村落的宗族文化,传统村落保护开发中的文化传承工作任重道远。其次,传统村落的旅游运作必然有外在文化的进入,一些功利性强的私人投资对古村文化原真性带来一定的影响,在现代化中成长起来的年轻一代对于外界的向往更加明显,只留下那些一生留在古村的老人还在坚守着这座经历800年风霜的古村。最后,虽然随着古村经济的发展外出务工的村民很多回到了村庄,但是在现代化都市中生活许久的村民,古村的传统技艺及相关文化早已忘却得所剩无几,传统村落文

化的代际传承出现了断层。这使得传统村落文化缺少了可持续传承和创新性发展的中坚力量和人才骨干,村落传统习俗、民间工艺、乡规民约、节庆婚俗等面临着无人可传的困境。

传统村落是一方民众共有的精神家园,是心灵的寄居处。留住古村的"根"与"魂",关键在于其原生态生活方式的维持与古村文化的传承与创新。

(二)最大受益群体偏离,村民参与边缘化

古村的物质文化资源是世世代代留传下来的宝贵财富;古村村民更是扮演着重要角色,村民赋予整个村落以生机活力,是不可或缺的古村主人翁,河边浣衣、庭院砍柴、田间耕作、民俗庆典、雕刻题字等一幕幕人间烟火气,才显出竹桥岁月静好。然而在竹桥古村开发过程中却忽视了古村开发与保护的重要力量。

首先,生活在古村的村民应该是旅游开发中的利益主体。但是随着竹桥承包给外地商人,村民在村落开发经营中却逐渐被边缘化,外来投资者成为最大受益者,村民旅游收入大不如从前,导致村民的归属感逐渐降低、保护意识淡薄。

其次,目前抚州市不可移动文物中私有产权的比重占总数的49%,古建筑的私有化比重更高。这种状态下,有关部门对私有产权无法有效管控,群众对于修建的态度也是褒贬不一,变卖老房子的现象层出不穷,文物部门的保护举措与产权人的矛盾不可避免。文物保护机制不健全以及相关法律法规不完善,使得本应该休戚与共的村民利益和古村保护开发产生矛盾。

乡村振兴战略的最终目标就是让亿万农民走上共同富裕的道路,为实现中华民族伟大复兴汇聚磅礴伟力。古村的开发与保护却未以此为关键,竹桥古村的旅游业发展,使得原来空心化的古村渐渐活络起来,但是古村村民积极性还不够高,并且古村发展的人才储备也不足,产生这个问题的根本原因便是土生土长的村民没有成为最大受益群体。

(三)宣传力度欠缺,品牌意识不足

竹桥古村的游客大多来自江西本省,江西东邻浙江省、福建省,南连广东省,西接湖南省、北临湖北省、安徽省,客流资源丰富,然而竹桥古村宣传的高光时刻有2016年著名综艺节目在竹桥录制,以及人民日报两次报道,除此之外宣传范围十分有限。

首先,竹桥古村的公众号运营单篇文章浏览量最多不超过2 000,平时只有几十次浏览量,宣传渠道单一;竹桥古村官网现已停止运营。其次,竹桥古村的雕版印刷、建筑风格都十分有特色,但缺乏有效的品牌宣传,且宣传未突出文化特色。古村的自然风景加

上人文底蕴得天独厚,是康养研学的绝佳之地,却并没有对其做出针对性的宣传。再次,村内没有宣传竹桥古村特色文化的手工艺品售卖,相关文创缺乏,网络推介力度弱,未能跟上大众媒体时代的需求。最后,导游讲解未能体现出竹桥古村深厚的文化意蕴,使得来参观的游客只是走马观花,难以体会到竹桥真正的魅力,竹桥古村的口碑难以塑造。

(四) 相关旅游规划不成熟,难以持续落地实施

传统村落旅游可谓是时下的热点,"旅游+古村"是发展经济、推进乡村振兴的重要驱动力。竹桥古村有着深厚的历史底蕴和独特文化资源,然而,古村旅游开发中文化特色不突出,整体规划模仿成熟景区,创新点少;并且景区缺乏科学系统的规划和管理,走的还是普通农家乐模式,和江西其他古村相似度高。竹桥古村发展市场化程度低,联动效应差,社会资本引入不足,产业化水平偏低等问题,制约了古村落资源的可持续开发。同时,古村落的活化利用受到相关政策制约。

首先,指示牌缺乏,安全措施不到位,水池旁未安装护栏,祠堂门口电闸外露,景区巷内售货冰箱随意摆放,破坏了传统村落的原真性文化特征。金溪传统村落众多,但项目开发呈碎片化,未能联动发展,缺乏整体的顶层设计与统筹规划,区域内资源分散,后续发展乏力。竹桥古村先后荣获"中国历史文化名村""中国传统村落""全国最美古村落""国家森林乡村""江西康养旅游打卡地"等称号,但是后续发展却并没有出现大的闪光点。抚州市住建局相关负责人指出:"抚州在充分进行传统村落现状调查、对建筑年代和建筑风貌等因素综合判定的基础上,探索出了'保存、保护、整饬、更新'四种传统村落保护模式。"古村的发展在注重商业的状况下,对传统村落古韵味的发掘还有所欠缺。

其次,资源盘活困难与复杂的产权问题是竹桥古村乃至整个金溪传统村落发展面临的普遍问题。古村传统民居建筑资源闲置,无法使竹桥古村资源充分盘活。古建筑产权所有人分散,导致资源利用率低下,产权人与民宅和古村的情感联系逐渐弱化,造成了传统民居院落的空置甚至是废弃,极大地影响着传统民居建筑的整体保护与活化。

最后,资金投入不足、融资困难也阻碍着传统村落保护的各个方面。传统民居建筑的保护修缮、历史环境要素的保护修复、非物质文化遗产的保护利用都需要大量的经费保障。长期以来,传统村落保护的资金来源主要依靠国家和地方政府的财政拨款;但是前期修复与后期经营都需要不断的资金投入,融资问题导致竹桥古村后期发展乏力。单一的资金来源渠道,导致传统村落的保护资金普遍不足;地方政府的投资也只是杯水车

薪,导致竹桥古村的古建筑修缮力度不够;村民更是没有相应的承担能力并且缺乏投资保护开发的积极性和主动性;社会民间资本尽管拥有较高的投资热情,但顾虑于收益、产权、政策环境等各方面的因素,在参与传统村落保护方面往往保持谨慎和观望态度。

竹桥古村整修开发初期,项目开发宣传力度尚可,但是游客的猎奇求新心理一过,景区游客量增长乏力。相关旅游规划落地实施效果不如预期的原因是部分规划和竹桥古村现状的匹配度不高,且缺乏后续跟进与创新点。

(五) 旅游业态单一,缺乏特色与创意

古村旅游发展的四方面重要业态缺一不可,即旅游餐饮业态、旅游住宿业态、旅游娱乐业态、旅游购物业态。但是竹桥古村除了观光旅游外,其他"旅游+项目",做得都不够完善且缺乏特色与创意。

首先,豆腐坊制作现磨的豆汁,品类单一,并没有延长其产业链、做一些其他的相关食品;其次,景区内缺乏具有本村特色的民宿;再次,每逢佳节,古村中表演独特的灯彩手摇狮,具有地方特色,但平时不开展表演;最后,传统技艺传承人现场表演雕版印刷手工技艺,但是并无相应的讲解,游客没有参与感。竹桥古村的旅游项目缺乏创新、项目也比较少,导致游客游览时间较短;村内的小商品无地方特色,鱼龙混杂,与景区的古韵氛围格格不入。景区内非物质文化遗产对于相关的文化传承至关重要,然而竹桥并没有做到创造性转化、创新性发展,有逐渐走向衰败的倾向;游客体验民俗文化的机会较少,体验形式单一且雷同;没有特色的旅游纪念品。

(六) 环境容量有限,生态恢复陷入瓶颈

习总书记曾指出"绿水青山就是金山银山",竹桥古村的突出特色之一就是优美的生态环境,这为竹桥古村带来了巨大的经济价值。正是因为山清水秀,竹桥先人才选择在此定居,然而在竹桥开发过程中缺乏整体规划,居民看到游客增多,被短时的经济利益蒙蔽了双眼,进行不科学的开发,忽视了村落生态环境的最大承载力,使得当地自然资源未得到有效保护,破坏了原始风貌。

首先,村民生活垃圾和废弃物品随处乱扔,影响游客体验感。其次,售卖饮品的冰箱随处乱放,房屋围墙胡乱粘贴宣传广告,对传统村落的原始风貌造成了破坏。最后,竹桥古村附近的农田也有部分荒废;村落古建年代久远,加之遭受雨水、白蚁等侵蚀,自然损毁和老化现象严重。

五、竹桥村保护与开发发展建议

(一) 以传统文化为魂,焕古村内生活力

文化是一个民族的血脉,是人民的精神财富。传统村落是人们的心灵家园,其可开发的模式有很多,但最根本的是不能忘了文化之根。筑牢优秀传统文化之基,村落开发才会经久不衰且焕发出真正的价值。竹桥古村的古雕版印刷术、宗祠文化、建筑文化、耕读文化、民俗文化、特色美食等应进行创造性转化、创新性发展。将古村优秀传统文化以生动鲜活的方式浸入旅游活动中,游客在旅游活动中潜移默化地感受到传统文化的魅力。

在传统文化体验方面,首先以古雕版印刷为基础,拓展出系列化的旅游项目,让游客跟随传统技艺传承人学习关键步骤,制作属于自己的印章或书籍,如有的制作工艺复杂可后期加工后邮寄给游客,"DIY"方式会加深游客的体验感。其次还可售卖印刷的古书复制品;制作百家姓墙,游客可扫码购买自己姓氏的印章;可在祠堂设置沙画,展示竹桥世世代代的兴衰荣辱,艺术化呈现竹桥的发展。竹桥古村历史上有3位状元、3名榜眼、242名进士,以此为背景,可准备传统文化或诗词试卷,让游客亲自答题体验状元及第,通过一场考试遴选出三名体验者敲锣打鼓坐轿绕街,或赠送一顶状元帽或一幅水墨画、书法作品等。体现竹桥的耕读文化,可设置几块农田体验区,让游客亲自种植,将锄头、犁具、水车、铁锹等传统农具摆放于此并讲解其用法和历史演变。在商贾文化方面,竹桥可设置集市,售卖场景可还原明代集市的繁荣景象,还可让游客在指定地点换取明代铜钱或纸币,集市上的商品一律用统一货币来购买,以增加沉浸体验感。

(二) 以村民为本,筑古村之基

古村的文化是世世代代的村民创造和传承下来的,正是有了村民的生活生产,才使得竹桥充满了人间烟火气;小桥流水正是因为有了人家的点缀才显得生机盎然。村民是古村永续发展的内生动力,而这个内生动力的形成来源于村民的主体作用,所以外部参与的古村开发应掌握适度原则。传统村落真正的主人是定居于此的村民,村落文化的创造和传承都离不开村民,否则传统村落便失去了鲜活的生命力,成了无源之水、无本之木。在传统村落的保护与开发中应重视村民利益,使每户村民都获得相应的回报,并按为古村旅游贡献大小予以奖励、设置好具体奖励标准,最大程度地调动村民保护古村的

积极性。

帮助古村村民处理闲置资源,助力村民增收,使村民参与到旅游开发的各个环节,拓宽其收入渠道。对村民进行专门的旅游业务培训,定期举办经验交流会、去开发成熟的景区交流学习,提高村民的接待服务技能、语言表达技能、沟通技能、产品开发技能等,使村民成为古村真正的主人。

(三) 打造特色品牌,多渠道宣传推介

品牌是无价之宝,一个好的品牌在无形中就会增加产品可信度以及吸引力,品牌打造中最重要的就是独特性与口碑。竹桥古村应将研学康养作为其旅游开发定位,利用其独一无二的文化背景与自然风景提高知名度。

首先,与周围古村联动发展,将金溪"一座没有围墙的古村落博物馆"的品牌打响。建立健全相关的品牌管理制度和规范,坚决防范有损品牌的现象发生。旅游品牌建成后,要与时俱进,打破古村发展壁垒,在原有品牌建设的基础上推陈出新,使古村旅游品牌发挥持续的吸引力,占据有利地位。

其次,竹桥古村游客量与知名度最高的时刻便是《爸爸去哪儿》真人秀取景之后,但热度过后游客量越来越少。由此可见,宣传对于景区来说十分重要,竹桥古村应增强宣传力度,设计出符合自身特色、独一无二的宣传模式,提升竞争力。依据不同的旅游群体,设置不同的宣传模式,注重口碑打造,古村自身的吸引力与内在文化是古村最好的宣传材料。

最后,要充分利用当地的电视、广播、报纸等主流媒体,也可采取地推的宣传方式,在市区中心广场投屏播放宣传片;或在人流量密集的区域进行宣传推广,比如火车站、地铁站、公交车站、汽车站等。除此之外,传统村落还需要利用新媒体资源,比如小红书、微博、微信公众号、抖音、今日头条等社交媒体;还可请专门的拍摄团队定期拍摄和直播竹桥的传统技艺、民俗文化、田园农桑等,以进一步扩大宣传推广,促使其品牌影响力进一步提升。

(四) 优化古村发展环境,各方力量协同参与

为了有效解决竹桥古村管理、产权、资金等发展问题,需要政府、开发商、居民、游客等利益相关者共同参与。

管理问题方面。首先,政府应实事求是地制定开发与保护的相关政策与法律法规,

结合本村实际,将总体规划、阶段规划、周边联动规划结合起来并落到实处。加大人才培养力度,制定专门的人才管理规范,提高旅游服务水平,坚持自然与人工的完美融合。设立专门的旅游监管部门,用各种措施确保古村不被破坏,始终坚持以人为本。其次,开发商应严格遵守政府的开发与保护相关条例,并在实践中不断与政府沟通,完善相关政策。再次,居民应配合政府和开发商的工作,发挥好基层社会治理的重要作用,提升主人翁意识,做好上传下达的重要工作,保障传统村落保护和发展相关决策制定的精准性及实施的有效性。最后,主动向游客宣传相关权利与义务,确保其舒适的感受,并遵守文明旅游规范。

产权问题方面。首先,进行全面普查,"一户一落实",进行统筹整合。其次,村民以产权换古村盈利分红,实施多元保护模式,政府收购保护、产权转移、公保私用三驾马车协同并进。用股权、分红等方式鼓励政府和村民、私人资本合作,大力引入社会资本,破除产权问题带来的发展限制。

融资问题方面。实施多方融资。首先,通过优化古村发展环境,抓住发展机遇,争取中央财政资金补助。其次,通过旅游开发、租赁等方式引入社会资本。最后,通过宅基地认养、社会募捐等多种方式拓宽融资渠道。

(五)丰富古村旅游业态,打造多彩竹桥古村

竹桥古村应结合自身优势,丰富旅游业态,古新结合,做到业态发展的差异化与特色化。将"人无我有,人有我优,人优我特,人特我新"作为竹桥古村旅游业发展的重要指导。

在旅游餐饮业态方面,景区内的特色美食可以传统烹饪技艺为基础,打造色香味俱全的传统美食,注重独特性。在旅游住宿业态方面,竹桥的古韵氛围是吸引游客的重要因素之一,竹桥民宿应延续其传统生活方式,使得游客有归隐田园之感。来古村的游客自然是想逃避城市的喧嚣,所以古村民宿发展要淡化现代元素,在保证卫生的前提下尽量保持古村原貌。

在旅游娱乐业态方面,竹桥古村民俗文化丰富,地域文化独特,可设置专门的民俗文化博览区,表演马步灯、手摇狮等特色活动。丰富表演形式,不局限于竹桥特有,可增加抚州特有的民俗表演并加以创新,搭建民俗节庆广场、演艺舞台,将旅游与演艺深度融合,使古村"活起来",让游客沉浸式体验传统民俗风情。

在旅游购物业态方面,竹桥可依托景区的茶吧,设置专门的茶文化体验区,和香古小镇的茶园联合发展,使游客切身体验茶文化的丰富多彩,一体化打造种茶、采茶、制茶、学

茶、品茶游览体验,如将游客自己种的茶树挂上名牌,利用相关技术使游客实时观看所种茶树的生长情况,待茶叶成熟可选择到此品茶或邮寄到家。

(六) 生态产业化,产业生态化

据相关数据统计,竹桥古村目前的经济收入来源主要是旅游业,村民们抓住金溪县政府大力发展旅游业的契机,兴办农家乐、民宿等,2022年的旅游收入达到了1.11亿元。竹桥古村0.89亿元的生态产品价值带来了1.11亿元的旅游收入[86,87],可见保护生态环境不仅可以满足生活生产需要,还可以带来经济价值。正如习总书记指出的"良好的生态环境是最普惠的民生福祉"。

因此竹桥古村应加强传统村落的生态管理保障体系建设,保证竹桥的旅游开发和生态建设实现法律化、制度化和常态化,使生态环境保护成为产业;同时竹桥古村开发的所有产业都不能违背自然规律,应提高人们对于传统村落的合理开发和保护意识,促进传统村落中人与自然和谐共生,助力竹桥永续发展,使得村民有着优美宜人的生活环境,使得游客有满意的游览体验。注重以人为本,打造绿色竹桥。

五、竹桥村"保护为主"的保护与开发模式特色与优势

前文已阐述竹桥村开发过程中基础设施建设和旅游资源的市场化开发遇到的问题,这与金溪县其他传统村落开发过程中遇到的根本性问题并无二致,主要集中在资金短缺、所有权和经营权所有人不一致、保护与开发政策未知等问题。竹桥村依托金溪县的保护和开发政策,打破了传统村落保护与开发瓶颈,将管理与经营模式进行创新改革,方才有了后期的保护与开发成绩。本段落将讨论这些根本性问题的解决之道,以期为其他传统村落的保护与开发提供借鉴。

就古村落的保护与开发而言,存在的首要现实问题即资金问题。传统村落中的每栋古建筑修缮费用均需数千元至数万元不等,对本地村民而言,老宅的生活条件并不理想,不足以让他们以情怀舍弃现代化生活而花费金钱去保护。古村要发展就要开发利用,旅游作为唯一能够驱动古村活化利用的产业,需要大量招商吸引投资者来投入资金,进行基于文旅融合的旅游产业建设。一旦牵涉到资金投入,无论是修缮还是投资,就遇到了古村古建的权属问题,也就是所有权和经营权分离的问题。传统村落的建设土地是集体产权,不能直接市场化经营,也无法进行直接的社会化资金投入开发等运作,这与保护与开发产生矛盾。而同时,不引入社会资本,国家拨付的300万元专项基金根本就是杯水车薪,无论是各级管理部门抑或是村民,均期盼并欢迎社会资金的投入以解决燃眉之急。

因此，古村以抵押物在金融机构进行抵押贷款进行开发成为了一种新的尝试，但遇到的问题是其所有权和经营权如何确权。在总结前期"两权"（农村承包土地经营权、农民住房财产权）抵押贷款试点工作经验的基础上，金溪县出台了古村生态产品价值实现机制试点方案，依法依规制定统一的古村经营权转让文本。以政府名义颁发古村的经营权流转证，将古村的经营权流转给政府投资公司或社会开发公司，即可争取贷款而用以开发，就部分解决了社会资金引入难的问题。如此，古村的集体土地产权不变，村民可以入股分红，可谓互惠共赢。抵押经营权需要科学评估古村价值，金溪县由地方政府出具古建筑价值评估报告，金融机构以评估报告为依据，再结合实际放贷，确价以后进行交易，同时要求资本有保障和稳定预期。例如，金溪县农商银行根据县政府出具的第一份古建筑价值评估报告，对修缮开发企业发放 500 万元贷款。上饶银行金溪支行将竹桥古村等景区的经营权设置抵押，并由金溪县市政投资有限公司提供担保，向金溪县腾飞旅游建设有限公司发放 3 亿元信贷资金用于古屋修缮及基础设施建设。针对古村抵押贷款出现风险、抵押物不好处置的问题，金溪县政府先统一收储，将收储的资金处置银行不良贷款，后续再市场化处置抵押物。此外，该县还通过政府设立 2 000 万元风险补偿金、引进第三方担保公司、配套保险产品等方式，让银行放心放贷。放贷风险得到防控，银行对接市场需求就打开了口子，各家银行纷纷根据需要向个人、旅游开发公司、古村保护开发企业、村集体经济等以"古建筑生态产品价值"等方式提供"古屋贷"，有效满足了不同开发客户群体的需求。目前竹桥村已获得经营权抵押贷款 1 亿元。

第二节 "红色研学文旅"——"2.0 版"左坊镇后龚村保护与开发实践分析

一、后龚村概况

后龚村位于江西省抚州市金溪县左坊镇，于 2019 年 6 月被列入第五批中国传统村落名录。后龚村距离金溪县城中心 13.6 千米，始建于元代以前，地形地貌以平原为主，人均耕地面积 2.2 亩，在籍人口 1 460 人，主要为龚姓和郑姓，村集体年收入 5 万元，村民人均年收入 13 000 元[9]。主要产业为农业，种植水稻和无籽西瓜。村落含省级文物保护单位 7 处，旅游基础设施完善度优良，旅游接待人次 6 万/年。目前后龚村景区在抚州地区的红色研学教育方面已有一定影响力，其红色研学资源和产品在地方上有一定的需求度；按地方政府的规划，下一步计划做出红色金溪、红色后龚的红色文化教育主题体验景区品牌[88]。

图 5-5　左坊镇后龚村无人机航拍影像（2022.6）

表 5-2　后龚村村落基本情况一览表[9]

村名	后龚村	村落属性	行政村
地理位置	江西省抚州市金溪县左坊镇	形成年代	元代以前
村域面积	尚未明确	户籍人口	1 460 人
地形地貌	平原	主要姓氏	龚氏、郑氏
特色建筑	革命元勋雕塑、龚氏宗祠	特色民俗	龙灯
村落名人	龚全安、龚友贤	特色美食	藕丝糖
核心特征	红色文化	国家传统村落批准时间	2019 年 6 月

后龚村的古建筑包括目前修缮完毕的龚氏宗祠，以及一系列红军战时居住地和遗迹等。龚氏祠堂规模宏大，建筑古朴，始建于明洪武年间，光绪六年（1880 年）扩建，经历多年风雨，保存完好（图 5-6）。祠堂的正厅中央悬挂着 11 位伟人的相片。祠堂厅堂前有一条造型别致的风雨过廊，廊上四根大木柱中间有一方桌，据村民介绍，这是周恩来、朱德、

王稼祥等红军将领发布作战命令之处。龚氏宗祠为上厅、中厅、下厅三连一体式大房,砖木结构,坐北朝南,建筑面积1 600平方米,中厅有两个天井,中祠为两层,下层为储藏窖。中祠一进上下两厅,中有天井,上祠为红军用膳处,厅堂内悬挂的是中华人民共和国十大元帅的画像,陈列了"黄狮渡大捷"绘画和朱德在后龚村的故事图片;次厅堂还保存着当年红一方面军司令部的储藏室、养病室,当时的标语依稀可辨,值得人们瞻仰和缅怀。

图5-6 龚氏宗祠建筑外观

二、后龚村红色旅游资源特色及发展现状

(一)特色

后龚村当前已建成核心区域面积约2平方千米,是当前赣东北规划面积最大的红色革命教育基地,完整保留了中央红军总部旧址、中央红军无线电队旧址、中央红军首创军事作战时同步伤员救护的卫勤指挥通令和中央红军三人指挥小组军事会议防空洞旧址。2012年,后龚红色遗址被评为全市爱国主义教育基地,2016年被评为国家AAA级旅游景区,2019年被评为国家文物保护单位、抚州市革命传承教育基地。后龚是抚州红色革

命教育的杰出代表,是赣东北红色革命教育的一颗明珠。截至2019年底,共接待主题教育活动团队83批、2 121人次。

自2015年来,金溪县政府充分挖掘红色资源,发展红色文化旅游,开启建设红色后龚景区工程,总投资2 000余万元。红色研学教育也有了较大进展,特别是对于中小学、事业单位、党政机关的研学旅游教育,以后龚精神为核心,开设了诸多研学课程与活动,探究并挖掘赣东北红色革命精神,推出了一系列红色文化教育活动,在抚州地区乃至江西省产生了良好的反响。如2018年12月18日金溪县湖心小学组织学生参观后龚红色基地,体验后龚红色研学课程,聆听景区研学导师讲解,收获颇丰。2019年10月30日,金溪县自然资源局前往后龚红色教育基地,开展了"不忘初心、牢记使命"主题教育活动。2020年7月3日,抚州市纪委、市监委于后龚红色教育基地开展党日活动,通过景区讲解、回顾历史、集中交流研讨等方式,进一步坚定了党员干部的理想信念。由此可以看出,红色后龚景区在抚州地区的红色研学教育方面已有一定影响力。

(二)发展现状

红色后龚景区位于金溪县左坊镇后龚村,地处206、316国道旁,距抚州城区仅69千米,距金溪县县城13.6千米,交通便利;景区停车场等设施完备,利于周边中小学生等开展团队研学旅游。后龚村作为第四次反"围剿"斗争中的先声战金溪战役的指挥中枢,留下了独特的红色历史文化资源。这些红色历史故事中所蕴含的金溪精神,非常适合中小学生学习、体会与感悟,帮助中小学生坚定理想信念,引导孩子们树立为中华之崛起而读书的崇高理想,为实现中华民族伟大复兴的中国梦不懈奋斗。通过调查问卷的数据所反映的情况来看,超过半数的研学旅游参与者来到后龚的直接原因,是想要了解景区历史文化、体验革命精神,红色后龚景区所具备的红色文化背景具有一定的研学价值与旅游吸引力(图5-7)。

通过对红色后龚景区的实地考察,能明显感受到景区本身及其基础设施建设蕴含红色文化氛围。景区小路以石板路为主(图5-8),游客服务中心、景区厕所等均采用农村建筑风格,景区标识牌、导览图以木制形式打造,景区广场设立了《运筹帷幄》雕像(图5-9),部分展厅内较完整地展现了红一方面军驻军时期战士们生活的景象,将红色历史巧妙地融入了景区氛围中,活灵活现地展现了红军驻军金溪的场景,能够较好地调动起中小学生的情绪,有利于提高研学旅游课程的效果,达到在"游中感悟"的课程目标。经实地考察并向景区相关负责人了解得知,红色后龚景区与厦门狼盾文化传播有限公司密切合作,充分利用红色后龚景区的红一方面军旧址等红色资源,以夏令营、冬令营的形式开展

图 5-7 后龚景区研学旅行活动展厅(左)和活动实例(右)

图 5-8 后龚景区道路(左)和游览示意图(右)

研学教育实践活动。通过一系列互动性、体验性活动,将红色后龚历史背景融入研学课程,集中展现革命先辈努力拼搏、无私奉献的革命精神,再现红军领导人攻坚克难、取得战争胜利的光辉事迹,将"军民鱼水情"与"踊跃当红军"的景象重现于研学课程当中。丰富的研学体验活动与景区历史背景讲解,使参与研学课程的中小学生受到充分的爱国主义教育,铭记金溪战役的重要意义与体现的奋斗精神。

调研显示,超过七成游客参与后龚村研学旅游活动的目的是获取历史文化知识及了解历史事件,这就要求研学基地深挖自身历史文化,避免旅游同质化,以文旅融合视角打造独特的红色体验,对景区进行精准定位。例如南昌八一起义纪念馆的主要定位在于

图 5-9　景区游客服务中心(左)和广场《运筹帷幄》雕像(右)

"军旗升起的地方""打响第一枪"等,突出的是其建军文化;而井冈山革命根据地是突出其革命道路选择与不畏艰苦的革命精神;红色后龚景区作为红一方面军旧址,突出的是军民一家亲与反"围剿"斗争展现的奋斗精神。在景区配套设施以及景观小品的建设方面,也应注意其与红色文化背景的协调性,避免出现"四不像""违和感",使游客无法代入其中。因此,在建设红色研学基地过程中,要注重其红色文化的独特性,深挖景区历史文化,与研学旅游进行有机结合,探索研学课堂与红色历史文化资源的内在关系,如此才能提高研学的效果,真正实现寓学于游。在金溪后龚景区的教学方式选择方面,调研显示超过八成的群众选择了情景教学,3/4 的群众选择了体验教学,这说明体验性活动广受游客欢迎,可当前景区普遍缺乏具有景区特色的体验性活动。因此,景区可以通过开展旅游节、制作历史舞台剧等形式,丰富研学教学形式,使游客获得更丰富的研学体验。超过七成的游客选择现场景区讲解,讲解员在景区游览中发挥着重要的作用。而对于研学旅游来说,讲解员往往无法满足研学旅游的要求,故各研学基地应培育专职研学导师。研学导师作为一种新型旅游人才,不仅需要承担景区景点解说的责任,实现教师传授知识的教育功能,还需要在政治思想层面具有较高素养,研学导师可比作高素质导游与教师的有机融合。而目前在江西省研学旅游现状下,许多景区的研学活动开展往往缺乏研学导师,使诸多景区的研学课程效果大打折扣。因此,开设旅游专业的高等院校可以将研学旅游融入旅游课程体系,为研学旅游市场提供相应的优质研学导师人才资源;同时,红色景区也应积极与开设旅游专业院校合作,引进旅游专业人才,提高研学旅游产品质量。

通过对红色后龚景区知名度的调查来看,各景区在研学基地打造过程中,可通过校企联动加强宣传力度。当前江西红色研学旅游发展势头正盛,如果不注重自身特色的宣传,往往容易淹没在潮流之中。因此在研学旅游的宣传方面,例如红色后龚景区,可以有针对性地在金溪县和抚州市的中小学校、政府机关及企事业单位等游客主要来源处进行宣传,通过微信、微博等社交平台,与旅行社等单位积极合作,提高宣传的针对性,推进研学旅游的知名度,从而促进景区良性发展。

(三) 存在的问题

1. 专业研学导师缺乏

当前红色后龚景区开展研学旅游活动时,其中的重要角色研学导师往往是以当地村民、景区讲解员担任。随着研学旅游的专业化、课程化,研学导师需要通过课程的引导,使中小学生能够深入浅出、更好地理解当时的历史背景与红色文化;在研学的过程中,针对中小学生群体需要有更强的互动性,才能使他们更好地代入其中,进行红色文化的体验;研学旅游课程后,也可采用研学手册的方式,使学生完成课后知识的吸收与巩固。这些研学课程配套措施,仅凭景区讲解员的讲解不足以实现研学旅游的最终目标,无法达到研学课程预期的理想效果。因此,缺乏红色旅游研学导师是该景区开展研学课程的主要问题之一。

2. 景区宣传力度较小

近年来,随着红色后龚景区申报 AAA 级景区的完成,景区接待量逐步提高,但与该景区的投资规模与区位条件相比,旅游量还有很大提升空间。通过实地调研的调查问卷发现,即使将受调查群体的居住地聚焦于江西省,仍然存在近八成的受调查者不太熟知红色后龚景区,其中不乏旅游从业人员。由此笔者认为红色后龚景区宣传力度较小,区域影响力不足。通过查阅政府网站资料,该景区接待的游客更多为政府机关单位、企事业单位的党政人员,对于中小学生的研学教育仍稍有欠缺。为此,应加强景区与金溪县至抚州市中小学的联系,提供符合中小学课程体系的配套研学旅游产品,增加景区研学人数,也有利于在中小学生群体中弘扬金溪精神。

三、后龚村保护与开发特点与优势

后龚村与竹桥村开发过程中基础设施建设和旅游资源的市场化开发遇到的问题几乎一致,主要集中在资金短缺、所有权经营权分离、保护与开发政策未知等问题。后龚村依托金溪县的保护和开发政策,打破了传统村落保护与开发瓶颈,将管理与经营模式进行创新改革,有了后期出色的保护与开发成绩。

作为红色资源丰富的传统村落,后龚村以旅游产业带动村落发展升级的条件可谓得天独厚,但无论是保护还是开发利用,旅游作为唯一能够驱动古村活化利用的产业,需要大量地招商、吸引投资者来投资,作为保护与开发的驱动力。古村的所有权和经营权分离的问题同样也横亘在后龚村面前。金溪县创新古村"古屋贷"模式,即古村以抵押物在金融机构进行抵押贷款作为建设资金;探索建立了古村经营权托管、确权颁证等机制,进行古建筑所有权、经营权"两权"抵押贷款。同时,与深圳文化产权交易所共同建立"中国古建资产管理计划金溪托管专区"线上交易平台,探索古村产权、经营权价值评估核算有效路径,吸引各类社会资本向古村集聚。通过征收或托管方式颁发古村经营权证,成功激活了一批百年、千年的"沉睡资产",使它们变身为带金融属性的生态产品,可以通过交易"活化"。左坊镇后龚村通过对村内22栋革命旧址旧居进行修缮保护,探索出文物保护利用与发展红色旅游相结合的路子,获经营权抵押贷款1亿元。江西省乡村振兴局数据显示,2019年后龚村旅游人次32万,旅游收入287万元;2020年由于疫情影响,旅游人次9.1万余,旅游收入86万元[89];2021年,旅游人次27.3万,旅游收入208万元[90]。

第三节 "创意文化"——"3.0版"秀谷镇大坊荷兰创意村保护与开发实践分析

一. 大坊荷兰创意村概况

大坊荷兰创意村,即大坊村,位于江西省抚州市金溪县秀谷镇北部。该村与金溪AAAA级旅游区竹桥古村仅隔一田畈,具有优越的地理位置和深厚的传统文化底蕴。大坊村始建于北宋景德元年,距今已有逾千年历史,最初为北宋军事家李山甫的李姓后人居住。大坊村原为冠峰村一部分,至明朝宣德年间冠峰村中玉璋公一族家族中兴,四子分房而得大房一支,由"大房"一名改为"大坊"[91]。村落内至今保存着15栋明清时代古建筑,建筑面积超过3 500平方米(图5-10),与金溪县其他的传统村落一样,留有古书院、古井、古门楼等古迹。在村落东北至今仍矗立着千年古樟树和健齐公祠,祠堂形为二进三阶梯式建筑式样,并留有雕花月梁、天井巷子和马头墙。随着岁月流转,为寻交通条件更好、更适合生活的现代化区域,村民逐年搬离此地,年久失修且人去楼空的大坊村一度变得荒芜不堪,古建筑倒塌破损,村内自然环境恶劣,已不适合人类居住生活,遑论保护与发展。

图 5-10　秀谷镇大坊荷兰创意村无人机航拍影像(2022.7)

在国家乡村振兴战略促进传统村落发展的政策支持下,当地政府和各部门对文物的保护提上了日程,2018 年开始,地方政府遵循"修旧如旧"原则,以国际化视野引入荷兰文化元素,借鉴荷兰乡村文化遗产保护利用的经验,以保护发展传统村落为目标,在秉承传统村落原有文化和生态环境的前提下,对大坊村进行全方位的改造和创意设计,力求在保护遗迹和古风基础上,形成一个满足旅游六要素并能提升村落经济的"新"传统村落发展引擎。

二、大坊荷兰创意村保护与开发现状分析

相较于金溪县游垫村、竹桥村、后龚村而言,大坊村更是因其较少的保护与无开发,导致大部分的古建筑濒临损毁和湮灭。2018 年金溪县人民政府与中国文物保护基金会

携手在金溪县开展"拯救老屋行动",大坊村的一些乡贤开始筹集资金,重修门楼、祠堂等古建筑,增其旧制,同时开启与荷兰艺术考察团合作,多渠道筹集资源,多方位增加创意。随后金溪县委、县政府于 2020 年 2 月 25 日率先出台了《金溪县金融支持生态产品价值实现试点实施方案》(金办发〔2020〕2 号),打通"绿水青山"向"金山银山"的转换通道,构建绿色生态产品价值实现金融服务体系,集全县之力打造金融支持生态产品价值实现试点"金溪模式"[92,93]。下文重点分析大坊荷兰创意村在开发利用过程中遇到的问题,解析解决问题的途径和过程,最后讨论该模式的可行性和可推广性。

(一) 保护与开发中存在的问题

1. 管理体制混乱,保护意识淡薄

大坊荷兰创意村在开发前期存在一系列管理体制混乱的问题,这也是金溪县乃至江西省大部分村落发展问题重点所在。大坊荷兰创意村的规划、自然遗产、非物质文化遗产等分别由不同部门管理,他们各拥资源,难以形成合力。因位于偏远地区,交通不便,加之基础条件差,同时存在保护专项经费不足等问题,县(市、区)无相应的配套资金投入,大坊村保护工作举步维艰;同时因古建筑主要属于村民所有,一栋古建筑多在数十万甚至上百万的维修费用,绝大多数村民无力也不愿承担,造成古建筑年久失修,村落空心化严重。同时也因保护无依,国家传统村落挂牌后,也并没有配备现代化的监控设施和手段,偷盗、违法变卖现象屡禁不止。另外,大部分古村秉持自上而下的政府主导推动、被动参与保护与活化利用,保护措施也无法因地制宜,活化利用模式更是因市场化运营的缺乏而捉襟见肘,得不到多渠道支撑。

2. 产权分散,资金渠道狭窄

古村中大部分建筑产权都属于私人所有,有的一处古建筑往往为一家多户所有,有的还为多家所有,每户都有对外界资金投入有一票否决权。部分古建筑坍塌破损严重,修缮需要大量资金;而各类资金投入多为自上而下的中央财政垂向拨付,且作为低级别不可移动文物,古建筑几乎均为村民祖宅,自主修缮成本较高,政府缺乏专项资金,民间个人资本难以筹集;村民自己没有承担能力,同时也缺乏对老建筑进行保护和维修的动力,甚至个别地方还有因居住需要、宅基地难批的情况下,将原来传统房屋拆掉新建的现象。况且,传统村落中大多数民居是非文物保护单位,按照现行文物保护专项资金使用政策,不能获取利用文物专项资金进行保护、维修。

3. 专业运营缺失,活化开发程度弱

前期并无专业运营团队为古村的保护与开发进行设计规划,保护方案、设计规划创

意等无从谈起。同时,目前专业的文博工作人员严重不足,缺乏传统村落保护设计队伍和古建筑专业人才,导致对传统村落中文化遗产的研究不透、方案设计不到位。有的历史古建被非专业的"工匠"修建、增建、改建,导致建筑时代特征消失,历史文化积淀受损。保护既不力,富有传统文化的古建筑及其生态价值被忽略和遗忘。除了村民自给自足外,村落中再无其他可营生之产业,更无人前来驻足流连,连同村落其他问题,导致空心化越来越严重。传统村落发展产业主要依赖旅游,而当前的古村游仍处在自发性初始阶段,村落宣传力度不够,知名度不高,无论是发展意识还是宣传资金投入都严重不足,无法形成支撑传统村落良性发展的经营项目和相关产业。加之大量同质化的旅游景区开发,而村落本身吸引游客的能力有限,盲目的旅游项目上马给传统村落的发展带来制约。

(二)保护与开发实践中的重点

1. 管理升级与保护先行

大坊村以乡贤主导、政府投入资金、文旅专家与村民协助的保护的模式进行开发。虽然更有实际针对性,但单一的保护主体并无能力实现完善的保护,对废弃或具坍塌可能的古建筑只能适当修补,遑论活化与利用,政府与社会力量只是起到一个"钱袋子"的作用,修缮资金缺乏,靠保护主体自身很难筹集资金;受制于保护主体的意识,无法站在保护活化和古迹保存良性发展的角度,阻碍了古建筑保护和文化传承。近年来金溪县考虑到上述问题,结合市场运营和专家学者的共同参与,采用政府主导、企业主导以及平台合作、国际合作等多种形式活化利用古村落[39]。同时,鉴于前期古建筑的失修和缺乏保护,偷盗、违法变卖现象时有发生,金溪县文物管理所和各乡镇派出所建立了联合执法机制,依据政策制订了管理条例,将文物保护志愿者或义务管理者转为聘用考核制人员,并予以适当补贴,目前全县已有文物保护队员近百名,发挥巡查管理作用,偷盗现象逐渐绝迹。随着2016年初国家传统村落保护项目"拯救老屋行动"启动,2017年被中国文物保护基金会选定为项目实施县后,金溪县制定了保护与修缮利用老屋的实施方案,全方位应对管理体系、财力金融、人力资源与古村保护的系统性平衡问题。

对于古村的传统文化遗产,包括古建筑等古迹,在两个国家级指导性政策条例指引下,地方政府引导村民自主对老屋进行抢救性维修,同时组织专业的民间老屋维修队对老建筑进行统一修缮,坚持"修旧如旧、最小干预"的原则,确保工程质量,尽量确保古街古镇古巷古格局的复原,同时对损坏严重的古建筑进行保护性修缮,受到村民一致好评。古建筑修缮坚持抢救为先、保护为主,注重明清建筑复原和传统文化传承,在传统村落的保护中没有过多的商业开发,以"人"为出发点,注重传统建筑的保护以及传统文化的发扬,摒弃"利益为上"的思维,将传统村落保护落到实处。

2. 产权理顺与金融支持

传统村落普遍存在古建筑产权分散、修缮资金短缺的问题。在资金的筹集方面,政府引导采取"村民出一点、社会资金求助一点、政府奖补一点"的方式筹集古建筑保护资金。县财政每年安排专项资金,同时设立"金溪拯救老屋基金",持续提升古村落基础设施建设和环境综合质量。产权明确是吸引资金的基本条件,针对古建筑的产权遗留问题,金溪县探索创新古建筑收储托管机制。县政府建立古建筑产权、古建筑经营权确权颁证等制度,建立金溪县生态产品交易中心,为古建筑的办证、贷款、经营权流转提供一站式服务,完善古建筑产权登记托管体系,理顺产权问题。同时与深圳文化产权交易所对接,建设传统村落古建筑的线上交易平台,将古村资源投向市场,达到使用权与所有权的有效运营。

另一方面,借抚州市作为全国生态产品价值实现机制试点城市的机会,金溪县推出"古村落金融贷"业务,即托管后老屋的产权不变,投资人可将老屋部分经营权作为抵押向银行贷款,产权人以收取租金或入股参与老屋经营分红为收益。贷款利率优惠、授信方式多样,贷款期限可达 5 年,可以"个人""旅游产业开发""开发企业""村集体经济"等多维手段与"古建筑生态产品价值"结合获批贷款。为保证贷款的专款专用,银行方面对投资项目进行即时调查,同时通过由政府出资的 2 000 万元专项融资风险补偿金,结合司法部门"一站式"法律服务,联合保险公司的古建筑抵押保险,由第三方担保公司承担连带责任,建立多方风险缓释机制,以及政府兜底收储保障机制。近年来金溪县腾飞旅游建设有限公司将竹桥、后龚等古村经营权抵押,以金溪县市政投资有限公司作担保,向银行贷款;陆坊乡村民以村古建筑经营权作抵押,向农商银行以 5.2% 利率申请"古村落金融贷"贷款。截至 2022 年第三季度,古村落金融贷已累计放贷超过 14 亿元,为古村落保护和活化利用带来了资金保障。自古村金融贷落地后,大坊村成功获 3 000 万元贷款。

(三)旅游导向的大坊荷兰创意村创意改造解析

在管理、资金、运营等方面理顺体系后,截至 2022 年,金溪县已保护修复古建筑超过 700 栋,竹桥村、后龚村先后被评上国家级 AAAA 级景区,大坊荷兰创意村成为"荷兰创意"的休闲娱乐网红村。旅游导向的大坊荷兰创意村改造由金溪县政府、中国文化传媒集团有限公司和荷兰文化遗产和市场研究院三方共同打造。该项目借助荷兰文化遗产保护与利用经验,以中国传统农耕文化的活化利用为目的,引入荷兰创意[44]。大坊荷兰创意村目前的保护与改造颇具地方特色,在国内的传统村落改造中亦属于匠心独创。用玻璃瓦修复了老房子的屋顶,复原了古老的灌溉系统,添加了诸如天然植物过滤器等元素来净化水质。艺术家们调研大坊的地域文化,选用瓷器、竹子、木料、不锈钢等材料,从宇宙哲学、中国龙文化、中国家具文化、现代科技等方面来展现他们对艺术的理解[45]。在祠堂与池塘恢复过程中将荷兰风车元素融入其中,体现中荷文化元素。在村落内的主要建筑外立面进行现代化乡村风情的墙绘,建筑与建筑之间设置迷迭香园的梦幻路径,在乡村田野中设置荷兰文化元素特色模型,建立创意陈列馆、蜂巢咖啡厅以及徘徊瞭望塔,以及体现中荷文化交融的建筑组合。

1. 蜂巢咖啡厅

蜂巢咖啡厅位于村内中心位置,其设计理念和灵感来源于村落内的千年古樟树。咖啡厅建筑顶部采用树冠和蜂巢造型,以中西文化融合的理念,打造一个针对游客和村民纳凉和交际的场所。咖啡厅的主体以古樟树树干为原型设计,颇具匠心,建筑的外立面采用中式乡村风格的定做陶瓦片,在瓦片空隙之间设计安置鸟窝,咖啡厅整体模拟樟树和蜂巢自然生态环境(图5-11)。咖啡厅内部则是简洁的现代化都市设计风格,进入正门是大堂前台,负责游客接待,周围则以休闲座椅和沙发构成休憩茶饮区,游客可在此品饮、休憩。

图 5-11 蜂巢咖啡厅外观及内部环境

2. 徘徊瞭望塔

徘徊瞭望塔(图5-12)毗邻蜂巢咖啡厅,名字来源于李白《月下独酌》中的"我歌月徘徊,我舞影零乱"以及朱熹《观书有感》中的"半亩方塘一鉴开,天光云影共徘徊",将中西方文化融入建筑,也是大坊荷兰创意村最高的地标建筑。塔身整体为卷曲型设计,游客可以顺着塔底攀登至塔顶,塔顶部可俯瞰村落整体样貌以及田地中"中国最大稻田艺术园"字样。

图 5-12　徘徊瞭望塔

3. 农创 CBD 稻田文化艺术园

农创 CBD 稻田文化艺术园位于大坊荷兰创意村外围,总占地面积超过 400 亩。设计师应用高精度北斗导航定位系统,采用俯视与立体设计融合,底部以多年生长生稻打底,田野艺术设计以红、白、黄、绿、紫等 30 多种颜色、120 多个品种以及超过 400 万株的彩色稻谷组合而成,制作稻田绘画效果,形成独特的国内最大的巨型稻田创意画,有"中国最大稻田艺术园"(图 5-13)、"乡村振兴、大坊践行"等字样,既形成了旅游景点,又装饰了村落的整体环境。

图 5-13　中国最大稻田艺术园

4. 中荷文化融合观光区

这里所指的观光区并非字面意思的某个区域,而是整个村落除上述的几个重要设计亮点外,全部采用中荷文化交融的整体设计风格,体现中国乡村现代化气息以及荷兰风情的创新利用。例如在村落景区的主干道,以传统村落的鹅卵石结合古石板作为路面铺设,在各建筑的墙面绘制荷兰风情的壁画,采用醒目亮眼的卡通图案和色彩,结合例如自行车等文创产品,吸引游客驻足观光。部分场馆以传统村落的屋檐结构为主,不改变或破坏古祠堂等古建筑的结构(图 5-14),辅以荷兰风情的壁画、墙纸,体现风车、田野、乡村等元素,或设计文创产品如艺术鹿等作为装饰,让游客在观光的同时体验传统村落的古风与现代化的融合之美;部分新建和改造的荷兰风情民宿添置在传统建筑之间,形成具有荷兰风情的乡村特色(图 5-15),与传统村落风格相得益彰。

图 5-14　建筑墙面装饰和古祠堂内部环境

图 5-15　艺术鹿装饰品与荷兰风情民宿（右）

总体而言，相较于目前主流的以传统建筑"古"为特点的大部分传统村落而言，大坊荷兰创意村一系列旅游导向的传统村落设计改造可谓相当具有特色和吸引力。如果传统村落仅从景观设计吸引层面解读，可能中老年人甚至老年人、特别是对乡村有情怀的人才会对大部分的传统村落产生旅游欲望，"从古至今"，观光要求可能仅限于"逛、看、品"；而青少年对传统村落旅游需求更多为鲜明亮丽的乡村元素主题和现代化的建筑特色，"从今仿古"，观光要求更突出"游、购、娱"。大坊荷兰创意村设计理念融入中西元素，面对的游客群体年龄段较为宽泛，不仅中老年人可以来参观古建筑、体验传统风情，青少年也可以来此满足旅游体验、消费观光等，这在古村的整体改造和旅游导向方面已然成功。虽然大坊荷兰创意村在古村保护与开发方面也存在很多问题，但目前在硬件方面，基础设施建设可圈可点。另一方面，大坊荷兰创意村目前土地由县城投托管，经营则是由村集体进行，全部使用本村劳动力，也在前文所述产权和资金问题方面，弥补了经营动作方面的缺陷。

第四节 "CHCD 数字遗产"——"4.0 版"合市镇游垫村保护与开发实践分析

一、游垫村概况

金溪县合市镇游垫自然村(以下称游垫村)位于合市镇东南部,距县城 12 千米,境通 316 国道,人口 472 人,森林覆盖率达到 90%(表 5-3),于 2016 年 11 月被住房和城乡建设部等部门列入第四批中国传统村落名录公示名单(图 5-16)。游垫古村是一处以血缘为纽带形成的胡姓宗族居住聚落。村落沿着南面一条东西走向的古道展开,形成一横五纵的巷道格局,并建有五座门楼[9](图 5-17),防御体系完备。村域面积 0.38 平方千米,以群山环绕之中的丘陵地形为主。游垫村是一个古迹保存良好、人文底蕴丰厚的明代传统村落。古村人杰地灵、文风鼎盛,明代工部侍郎胡桂芳的传奇经历,为研究明代文官制度提供了详细的史料;胡氏谱牒为研究封建社会崇尚的行为规范提供了依据。村中以"胡氏祠堂""总宪第""节孝坊"等为代表,保存着许多现存完好、种类齐全、古朴独特、雕梁画栋的明清建筑,传统建筑占村庄总建筑面积的 58%,为研究抚河流域明清建筑提供了翔实资料。游垫村目前是金溪县的生态价值实现村。作为金溪县葡萄种植面积最大、古村风貌极具观赏性的村落,游垫村逐步形成了全县生态葡萄园基地和古村游览地,以其独特的森林资源成为天然氧吧,适合发展旅游康养产业。

表 5-3 游垫村村落基础数据一览表[9]

村名	游垫村	村落属性	自然村
地理位置	江西省抚州市金溪县合市镇	形成年代	元末明初
村域面积	0.38 平方千米	户籍人口	472 人
地形地貌	丘陵	主要姓氏	胡氏
特色建筑	胡氏祠堂、节孝坊	特色民俗	手摇狮
村落名人	胡桂芳	特色美食	藕丝糖
核心特征	名官故里	国家传统村落批准时间	第四批(2016 年 11 月)

图 5-16　合市镇游垫村无人机航拍影像(2019.8)

图 5-17　游垫村传统建筑之五门楼[9]

第五章　金溪县活化利用型传统村落保护开发案例研究 | 101

胡氏祠堂位于古村落东南端,坐北朝南,建于明万历三十年(1602年),历史悠久,上堂重修于乾隆四十二年(1777年),大门为青石结构的牌楼式门面,抬梁式砖石木构架,木柱石磉雕刻花纹精美,门面上雕刻的图案丰富,有松鹤浮云、楼台景物、文武官宦、四季花卉、苍松翠柏,无不玲珑精巧、栩栩如生(图5-18)。祠堂内天井四周用青石板铺砌,柱子均为圆形木柱,中厅柱子周长1.3米,祠堂规模宏大,气势恢弘,雄伟壮观。

图5-18 游垫村古建筑之胡氏祠堂

节孝坊紧靠胡氏祠堂的东侧,是嘉庆二十四年(1819年)奉旨而建。牌坊主体为四柱三间三层青石结构,面阔6.3米,通高7米。每楼以石板砌成斗拱,支承石板面。主体是三巨石横梁构成的三层题字空间。上层镌刻"圣旨"二字;中层镌刻"节孝"二字;下层镌刻"旌表太学生胡岑之妻黄氏坊"。正门上方三道横梁与四方立柱皆雕刻有精美的纹饰图案,圆雕众多人物、瑞兽,镂雕双龙戏珠,浮雕仙鹤、花卉、流云图案,线条流畅优美(图5-19)。

总宪第坐落在游垫村恩公巷巷口,砖石木结构,四柱三层三开间,红麻石牌楼式构造,雕刻精美,古朴大方而厚重。大门上石质门楣上书刻"總憲第"三个大字,笔力遒劲。门楣右侧直刻明确的纪年"广东按察御史胡桂芳万历三十岁次壬寅孟春吉日"。为工部侍郎、广东按察御史胡桂芳退憩、告老返乡所备建,至今保存完好,弥足珍贵(图5-20)。

图 5-19 游垫村古建筑之节孝坊

图 5-20 游垫村古建筑之总宪第

二、游垫村保护与发展现状

(一) 保护发展概况

游垫古村在发展过程中聚焦于保护老屋古建,注重传统村落的可持续发展。金溪县开展的"拯救老屋行动"将保护开发游垫村与美丽乡村建设、生态旅游开发等有效结合,探索出古村落保护和活化利用的新模式。截至2021年末,金溪县已经与多位古建筑产权人签订协议并对1 800多栋古建筑进行托管,其中整村托管达到了28座。目前,金溪县获得中国历史文化名镇名村称号的村落有7座,获中国传统村落认证的村落有42座[94]。游垫村尽管规模并不算大,但它却保留了完整的古村格局,拥有优质且数量众多的旅游发展要素。游垫村在新建筑建造中没有过多地运用钢筋、水泥等现代建筑材料,因此村落仍然保持着古朴而又充满韵味的古村风貌。目前,游垫古村内包括总宪第、胡氏宗祠在内的古建筑均得到了较好的修缮维护(图5-21)。然而,传统村落的保护不仅仅

图5-21 修缮维护后的游垫村传统建筑

局限于历史建筑和乡村民居这些建筑实体,还需要关注村落的历史、文化、资源、建筑特色甚至传统节庆、民俗文化等多方面。作为一座具有丰富历史文化的传统村落,游垫古村拥有广泛的开发潜力,可提供优质的旅游资源和条件。合理开发古建老屋,让村落文化焕发出新的生机和创造力。活化利用是在保护基础上,以旅游为导向,对村落全部要素进行价值转化。

(二)保护与发展中存在的问题

在2015年之前,金溪县的传统村落大部分面临着类似的问题,以弱(无)保护、空心化、欠发展为特点,游垫村是其中的典型代表。

游垫村的系列问题与大坊村类似,主要集中在管理体制混乱,保护意识淡薄;产权分散,资金渠道狭窄;专业人才匮乏,活化利用程度弱。

2015年之前的游垫村存在保护与活化利用的问题,管理部门、科研机构、村民和各类媒体均建议加强对胡氏宗祠等文保单位的修缮和日常维护工作,加大村落整体保护力度,加强对村落内历史文化资源的活化利用,多方面筹措传统村落保护资金。同时,建议尽快完善配套基础设施,改善村民生活质量。

三、游垫村活化利用与产业发展

2020年以来,金溪县对所有行政村设立了老屋保护的村规民约。游垫村早在2015年就成立了古村保护理事会,逐步对管理体制、发展模式、资金渠道、文化保护采取了相应的改革推动措施。同前文大坊村类似,游垫村保护与开发的重点在于管理升级与保护先行、产权理顺与金融支持。至2017年底,游垫村20栋传统建筑已完成抢救性修缮;至2021年底,标志性的"进士第""侍郎坊""总宪第""大夫第"等门楼全部修葺一新,成为新的观光景点(图5-22)。

2020年,金溪县乡村发展振兴投资集团有限公司与游垫村签订协议,对村集体托管老屋进行保护与活化利用,以部分老屋经营权申请抵押贷款,打造了游垫村一系列具有观赏性的景点。

(一)活化利用概况

游垫村以"精修老屋、国际合作、专家参与、高校加盟、市场运营"模式整体开发,立足"世界村"定位,引入CHCD,打造"戏梦田园、数字游垫"的国家级AAAAA级景区为目

图 5-22　游垫村传统建筑门楼 2022 年新风貌

标,进行文旅融合休闲产业的发展推动,利用数字技术重焕古村活力。

(二) 特色文旅项目投资开发

在保护修缮古建筑基础上,游垫村开展了农旅—文旅融合的项目投资建设与开发,着力因地制宜打造世界数字古村。金溪县与北京大学、武汉大学等多所高校合作,打造以"数字研学教育和会议会展"为主业态的 CHCD 基地,首先将游垫村变成高校旅游和城乡规划等人文专业的传统文化体验区,以高等院校师生作为古村落的第一批"游客"开展科研活动,在发挥村落休闲旅游功能的同时,吸收专家学者对改造古村落文旅产业的建议,丰富村落活化利用的构思,并积极争取项目资金。

1. CHCD 品牌馆

自 2016 年第三届"CHCD——数字遗产中国行"来到金溪县,游垫古村紧随数字技术发展的步伐,积极参与了数字化活化古村的实践。作为金溪县拥有悠久历史的古村之一,游垫村历经整修后愈显光彩。2020 年 4 月,金溪县制定了"世界村"的发展蓝图,并致力于引入先进思维和系统模式,全方位发挥古村资源的价值,推动传统村落的活化发展,助力金溪县成为充满活力和文化魅力、科技创新的区域。游垫古村与国内顶尖高校及机构合作,借助优秀的创意设计和学术成果以及各类影像、声效等数字技术,将传统文化与现代科技完美融合,打造了以"数字研学教育和会议会展"为主业态的CHCD基地(图5-23)。品牌馆的数字展示借助现代科技手段创新当地旅游业,推出具有特色和创意的旅游产品和服务,如数字化展厅、虚拟实境等项目。品牌馆的运营极大地拓展和丰富了当地旅游产业,也为乡村旅游注入新的发展动力;并通过宣传推广游垫村的旅游资源及魅力吸引更多游客前来观光、游览,有助于扩大游垫村的知名度和影响力,提升其美誉度和良好形象。

图5-23 游垫村"CHCD馆"

2. "云亭飘带"观光步道

游垫古村内建设有一条高达十米的空中观光步道,其起点位于CHCD品牌馆侧后方,并贯穿游垫村内的遗迹古建、自然风光,通往最高处的观景平台。站在观景平台上,游客可以一览游垫村的完整面貌,错落有致的空间布局和素朴雅致的建筑风格让人身心愉悦(图5-24)。观景栈道及平台将历史悠久的古建筑群与融入创新科技元素的新景区巧妙连接起来,游客可沿着自然流畅的观光线路感受美景,轻松舒适地欣赏和体验古村景观,提升了游览体验。

3. "戏梦田园、数字游垫"

数字乡村建设为古村落的运营和发展带来了创新性的新途径和新形态,数字技术逐渐融入农村百姓的日常生活。该发展模式采用数据驱动的创新性数字化治理手段,在巩

图 5-24　游垫村空中观光栈道"云亭飘带"

固传统村落保护开发成果的同时,有效地推进了乡村振兴战略的实施。在此背景下,北京大学文化传承与创新研究院探索并实践了"数字乡村建设助力乡村振兴"的主题,研发了沉浸式体验项目"游园听梦",成功打造出可延续性发展的文化品牌。该项目充分利用数字技术和中华传统文化元素,通过沉浸式体验让人们产生对美好乡村的向往和追求。随着数字农业的快速发展,"游园听梦"成为数字乡村建设中具有代表性的模式。近年来,金溪县充分发挥古村与旅游的多业态跨界融合潜力,将古村整合至数字化治理范畴,与"游园听梦"团队开展紧密合作,打造"戏梦田园、数字游垫",共同为游客提供充满戏剧性、带来视觉享受的数字旅游。

(1) 户外展览

在户外采取了双故事线的设计思路,结合现代技术手段,借助古代建筑遗产进行呈现。白天展示游客对于具有历史文化背景古村的参观体验,利用现代科技增强游客的参与感和互动性,构建出真实而富有想象力的旅游场景,使游客更好地领略到当地文化的博大精深。夜晚则展示了不同的叙事情节,通过光影技术和其他数字技术手段进行夜景展示,带给游客身临其境的视觉和感官体验。该项目的设计可谓匠心独运,融合传统文化与现代科技,极大提升了游客的游览体验。其中,对建筑遗产的重新利用与改造、双重时间维度的叙事结构与安排、数字技术的灵活运用等,都是当代旅游业务中的重要创新领域。这种跨界创新能够更好地推广传统文化、促进地方文化经济的发展,同时也为自然环境保护提供了良好的智力支持。户外夜景开发了"戏梦民宿"来展示明朝时的村民生活场景,赣东民居研学馆则重点体现游客体验传统建筑的科技魅力。在室外场景设计方面,以中央美院和北京大学艺术学院专家学者及学生为主力,采用数字技术制造"光、影、声",结合古建筑形成穿越时空的古戏古剧古曲公共艺术空间(图5-25),配合皮影戏、新媒体和真人演绎等方式,打造供游客观赏体验的"汤显祖桃园幻梦""寻访胡桂芳"(图5-26)等夜景文化艺术产品[92],目标旨在于留住客人,让游客产生多重感官享受,同时升华艺术主题,最大化彰显传统村落的古文化魅力。在"戏梦田园、数字游垫"的定位下,游垫村通过数字科技对传统民居建筑进行创意改造,融合数字科技的独特美学。华灯初上之时,游垫村在各个建筑上设置的彩灯纷纷点亮。静谧祥和的古村此刻已被现代科技气质所感染,一古一新之间,更彰显出游垫古村的千年文化与悠久古韵。古老的民居建筑和新建设而成的景区在璀璨灯光的映衬下美不胜收,原本古老肃穆的传统村落增添了无限活力与生机。

图 5-25　游垫古村夜景[92]　　　　图 5-26　"寻访胡桂芳"场景[92]

(2) 室内展厅

数字技术和网络技术的运用让传统村落历史文化得到了复苏。乡村文化等文化符号从旧有的土气或者落后象征中脱离出来,成为一种文化自信的标志,展现了传统元素在创新中不断发展的趋势。"数字游垫"作为一个典型的例子,以优秀传统文化为基础,融合东方美学精神,结合创意的新兴媒体科技应用,形成沉浸式的体验环境,展示了人们对于田园生活的向往和梦中花园的想象。室内场景设计方面,在CHCD建设基础上,村落以传统民居借助数字科技的优势,通过北京大学团队打造了沉浸式体验的"星梦咖啡厅"(图5-27)、"文化民宿"和北大厅三大板块,以及"游园听梦"沉浸式展演(图5-28)融合文化品牌[92]。通过运用多媒体数字艺术对乡村文化进行赋能,创造数字化美学,活化历史文化资源。展厅内以对主要景点中人物的讲述,如"汤显祖桃园幻梦"和"寻访胡桂芳",运用皮影戏、新媒体戏曲映射、真人扮演等多种形式,使游客逐渐了解人物故事,并通过参观游垫特色建筑、宗族祠堂等景观,了解建立在农耕文化基础上的"家"文化。数字民宿厅主要展示民宿住宿、餐饮、纺织演示、读书等功能,并以传统民居为载体。结合数字多媒体投影技术和互动装置,数字民宿厅能够还原旧时光里的生活场景,打造出一个具有温度的"家",使旅客在享受传统文化的同时,感受到了家一般的舒适和温馨。

图 5-27　星梦咖啡厅[92]　　　　　图 5-28　"游园听梦"场景[92]

4. 特色文旅消费活动

(1) 文化美食嘉年华

2022年,金溪县以当地著名农产品"蜜梨"的丰收为契机,开展了金溪蜜梨丰收暨"百城百夜"文旅消费季活动,并将网红打卡古村游垫村作为重要会场之一(图5-29),举办了多项主题活动,如祈福活动"我有一个'梨'想"、美食品尝活动"入秋的第一份甜蜜"、金溪梨王争霸赛等。现场气氛高涨,广场上挤满了游客,游垫村也成为此次文旅活动的热点。

在活动现场,不同类型的演出节目陆续上演,如舞蹈《万紫千红》、儿童情景剧《孔融让梨》、采茶戏《卖花线》等。同时还有大型文艺表演、恋爱主题烟火晚会、"梨梦花火夜"音乐烟花秀等活动相继推出,吸引了众多参观者。除此之外,在活动会场的另一端,供应了各种与蜜梨相关的农副产品和特产,如蜜梨膏、干梨等,吸引了许多游客前来挑选购买。风味独特的金溪蜜梨,搭档精彩纷呈的艺术表演,为游客带来了美食盛宴和视觉享受。

据报道,金溪县首届蜜梨丰收暨"百城百夜"文旅消费季活动中发放的价值120万元消费券,成功激活了古村夜经济。当晚,活动共吸引了超过1万名游客前来,带动了约3 000万元的消费。此举在探索现代化传统村落保护和活化利用方面迈出了重要一步,

图 5-29　文化美食嘉年华现场[96]

不仅为游客提供了体验感强、有创新的文化旅游产品,还展示了推进夜间消费经济的良好实践。

(2) 夜间文旅消费活动

据悉,金溪县将进一步发挥蜜梨丰收暨"百城百夜"文旅消费季的成功经验,持续推出系列"夜间打开"特色文旅活动,包括"夜演、夜游、夜购、夜品、夜娱、夜宿"等多个方面,旨在通过丰富多彩的夜间活动来点亮疫后旅游的新业态,并推动文旅消费与各产业深度融合,为居民和游客提供更加优质的消费体验。同时,这些活动也能够进一步激发文旅消费潜力,促进文旅市场复苏。

游垫村村民因古村农旅—文旅融合项目带来的基础设施建设提升,以及政策和资金渠道的激活而返乡创业。除前文提及的应用古村金融贷开展景观设计和文旅项目的开发外,景区餐饮、民宿等与旅游密切相关的行业以及民众就业也逐渐被带动起来,古村落的古建筑、山林河湖等自然资源得到了最大程度的利用,使生态产品转化为经济价值有了切实可行的路径。村民通过这些产业有了新的生计和经营收益,一方面可以在现有设施基础上满足自身的生产生活需要,另一方面同步促进游垫村旅游业态的丰富稳定和繁荣发展,为古村落的保护与活化利用带来契机,也助力了游垫村的产业发展和升级。

第五节 尚待定位的活化利用型传统村落

部分具备活化利用潜质的传统村落目前尚处于保护良好、具备基本开发规划但定位不明的状态。这些传统村落的特征是:具有大部分传统村落都有的古建筑、名人乡贤、非遗等资源,但除此之外缺乏特色,或是村落发展方向尚未明确。如此,一方面可能导致其为完成任务而盲目上马一些同质化项目,另一方面也无法发掘其自身的特色村落资源。

一、陈坊积乡岐山村

岐山村隶属于江西省抚州市金溪县陈坊积乡,村落形成于元代以前,以丘陵地形为主,村域面积3.56平方千米(图5-30),村内有特色古建筑,有特色民俗矮脚龙彩灯表演,特色美食藕丝糖,2016年12月被列入第四批中国传统村落名录,2019年1月,岐山村被列入第七批中国历史文化名村名录(表5-4)。岐山村由十八巷组成11大民居聚落群,完

图5-30 陈坊积乡岐山村无人机航拍影像(2019.8)

表 5-4 岐山村村落基础数据一览表[9]

村名	岐山村	村落属性	自然村
地理位置	江西省抚州市金溪县陈坊积乡	形成年代	南宋初
村域面积	3.56 平方千米	户籍人口	832 人
地形地貌	丘陵	主要姓氏	吴氏
特色建筑	岐山小宗祠、清林书院	特色民俗	矮脚龙彩灯舞
村落名人	吴品恭	特色美食	藕丝糖
核心特征	大河古村	国家传统村落批准时间 中国历史文化名村批准时间	第四批(2016 年 12 月) 第七批(2019 年 1 月)

整地保存有 40 余栋传统建筑,数量众多,类型齐全。古建筑包括岐山小宗祠(图 5-31)、中宪第(图 5-32)、大夫第(图 5-33),以及古井古巷等古迹。古民居建筑均为青砖黛瓦封火山墙,整体建筑大多采用中国传统的中轴线左右对称形式,屋内梁柱、门窗雕刻精美。古民居主人多为岐山先辈里的杰出人物,他们或为朝廷命官,或为社会贤达,或为知名商贾。这些建筑相互联通,隐而不露,还有独特的安全遁逸系统。装饰元素中还蕴含着典故或历史上的文人墨客传说,如大夫第门前的石雕,所刻画的就是八仙之一吕洞宾画鹤的典故(图 5-34)。村内的传统民俗矮脚龙彩灯舞(图 5-35)流传至今。

图 5-31 岐山村古建筑之岐山小宗祠(2019.7)

图 5-32 岐山村古建筑之中宪第

图 5-33 岐山村古建筑之大夫第

图 5-34　大夫第门前石雕

图 5-35　岐山村矮脚龙彩灯舞舞具

村内古建筑的岐山小宗祠是古村东头的第一幢建筑,始建于明朝,后屡经修葺。近几年,岐山人在"修旧如旧"的原则下,又进行了全面维修。现焕然一新的明末清初风格祠堂焕然新生,揭示着聚族而居的吴氏子民们敬宗收族,村落的文化传统传承不衰;昭示着村落文明、家族文明绳绳不绝,千秋永继。祠堂称小宗祠,是区别于另一大宗祠而言。岐山建村后,经繁衍迁徙又产生了后科、庄下、余家巷、游泗源等村落和抚州东乡吴姓的分支,古代各支来老族祭祖便在"大宗祠",可惜现已荒圮。小宗祠即为岐山本族祠堂,其气势宏伟,面阔18米,进深32米,四围封墙庄重,内部为上中下三堂结构,有两个大天井。

"中宪第"位于岐山村中,村民俗呼"官厅"(图5-32)。其结构简约中寓变化,外朴素而里华美,富于中华文明含蓄之美、内在之美。其面阔16米,进深26米,整体为一矩形熨斗状,大门不开在中轴线上而是偏在西边,使南面的封墙毫无阻隔地舒展开来,既有气势又新颖别致。"中宪第"门额和门檐在一溜清水墙上凸显,既富立体感,又鲜明生动。

大夫第位于村子东部,是品恭、式恭、允恭三兄于道光年间陆续兴建的,时间要比"中宪第"早一些。它随巷而建,曲折延绵几十米,建成后,形成两巷相夹状,从整个平面图来看并不规整。其主体为三处正堂大屋,其中两处大门刻了"大夫第"门额(图5-33)。最南边的大门装饰最为繁复,门楣装饰了大量精致的石雕,最高层图案为天官赐福,两侧图案文武八骑,华盖冠冕,栩栩如生。

岐山村矮脚龙彩灯舞具有悠久的历史,传说矮脚龙来自上苍,具有呼风唤雨、消灾去难的神奇力量。在以前,舞龙是人们为了祈求风调雨顺、人寿年丰,在大旱之际舞龙,是为祈求天降甘露,以保收成。岐山村传统"矮脚龙"表演至今传承良好,表演时间一般是农历正月初一至正月十五的半个月内。在此期间,舞龙队走街、串巷、入户,给村民带来好运和幸福。在出发之前,舞龙队先派遣两位手提太平灯的队长送贴到户,让接龙户有充分的准备。舞龙队首先到祠堂为群众表演几招几套,然后再至村户中。进门前,户主点燃早已准备的鞭炮,引龙入堂;倒茶奉果等一番招待后,户主再向舞龙队每位成员敬奉一碗喜酒,在喇叭声中,舞龙队起舞,给户主"开四门"。

岐山村目前已经是国家级历史文化名村,拥有古村历史文化保护规划。虽然人均年收入只有5 200元,但常住人口较多,人力资源充足,具特色产业花炮生产。不足的是岐山村基础设施有待改进,如无入户自来水(村民日常生活用水主要是通过打井提取地下水分散供给)、公交车站(交通不便捷)、有线电视等,影响了居民的日常生活。岐山村采用原有古建筑的排水设施,村内分散有众多池塘和古井,古村排水方式是雨水、污水合流,绝大部分古建筑的天井下均建有暗沟或明沟,用于排除屋面雨水与生活污水。通常情况下现有排水设施能满足雨水和生活污水的有效排放,但也有少部分明沟存在任意堆放垃圾的现象,造成排水明沟多处淤塞,产生生活污水排入水塘等污染水源的问题[9],需进行大力改造。另一方面,村落的部分古建筑已经年久失修,如中宪第等存在一定的破败和损毁,需引起重视。建议加强对中宪第等文保单位的修缮和日常维护工作,对质量差的历史建筑尽快进行修缮。同时建议整体保护,对历史文化资源在保护的基础上进行活化利用,为传统村落保护资金的筹措广开渠道,可考虑管理和经营权分离,引入第三方机构以筹集资金运营古村、发展产业,进行村落活化利用;完善配套基础设施,提高村民生活质量。

二、琉璃乡蒲塘村

蒲塘村位于江西省抚州市金溪县琉璃乡(图 5-36),村域面积 5.23 平方千米,户籍人口 1 200 人,形成于元代以前,为徐姓家族的主要聚集地(表 5-5),特色建筑为西成门(图 5-37)、大夫第(图 5-38)、"旌义坊"门楼(图 5-39)、铜峰古庙(图 5-40),以及古树古井古街等古迹。主要的非物质文化遗产为"徐神仙拜年"活动、采茶灯表演,蒲塘村流传有一系列民间故事,如"饭生饭熟""竹管车水"铜峰招雷、花园焚妖等。蒲塘村整体坐北朝南,路网呈扇面布局,建筑顺势排布,有机分散。村内街道巷弄纵横交错、井然有序,以

图 5-36 琉璃乡蒲塘村无人机航拍影像(2019.8)

表 5-5 蒲塘村村落基础数据一览表[9]

村名	蒲塘村	村落属性	自然村
地理位置	江西省抚州市金溪县琉璃乡	形成年代	元代以前
村域面积	5.23 平方千米	户籍人口	1 200 人
地形地貌	丘陵	主要姓氏	徐氏
特色建筑	西成门、旌义坊、铜峰古庙	特色民俗	采茶灯表演
村落名人	徐祥可、徐慕贞	特色美食	藕丝糖
核心特征	水塘之村	国家传统村落批准时间	第四批(2016 年 12 月)

青石板或鹅卵石铺就。青石小道上一道道寸余深的凹槽印刻着岁月的痕迹,反映街巷当年的繁华。村落周边以水稻种植为主,间或有荷塘与毛竹林。村落入口处有两株参天古树,都过了 550 岁的"高龄";进入村内有 1 200 岁"高寿"的罗汉松,历经千年风霜,藤根盘结,树高参云;罗汉松旁边是两棵古樟,其中一棵已 900 岁,屹然而立,树洞有"容人之量",另一棵樟树也经历了 700 年的风霜;"仙人旧馆"前的两株千年古柏,更为旧馆添上古味。古村最可观处在蒲池及其周边,蒲塘村有 99 口塘,可谓水塘之村,而众塘之首为蒲池(图 5-41),水面十几亩,池水清冽;塘岸东北、西北角各有方、圆两眼古井,称为龙凤井;塘北岸世宦祠和至成书舍连成一片;塘西矗立花楼门(即旌义坊)及南董门。

图 5-37 蒲塘村古建筑之西成门门楼

图 5-38　蒲塘村古建筑之大夫第

图 5-39　蒲塘村古建筑之"旌义坊"门楼

图 5-40　蒲塘村古建筑之铜峰古庙

图 5-41　蒲塘村众塘之首的蒲池

非物质文化遗产方面,蒲塘村崇拜徐神仙而产生的乡风民俗,从元末一直盛行至今。形式上主要是农历正月初三给徐神仙拜年;七月十二为徐神仙过生日;九月十五迎神做戏,一连四夜,为娱神而演戏。在这些天中,金溪、临川、东乡三区县都有人赶来朝神礼拜,路上人群川流不息,家家高朋满座,忙于待客,铜峰古庙的爆竹声不绝于耳,热闹非凡。

调研显示,蒲塘村具有古村历史文化保护规划,但对传统建筑照常使用,没有特别的保护措施,也没有专业文物保管员和环境保洁人员。具有特色产业毛竹种植业,有开发和发展旅游业的独特潜力;常住人口为940人,相对其他村落劳动力资源较为丰富;非物质文化遗产资源丰富,民间故事和活动众多,如徐神仙传说和崇拜徐神仙而产生的乡风民俗、采茶灯和马步灯表演等,不仅传承了中国传统文化,也会吸引更多游客的到来,有利于后期对村落进行旅游发展的包装营销。但目前和大多数传统村落一样,村内的古建筑也存在局部损毁问题,建议加强大夫第、徐氏宗祠等文保单位和历史建筑的日常维护工作,对危旧建筑进行抢救性修缮。对于管理部门而言,建议对村落进行整体保护,完善市政基础设施,对历史文化资源在保护的基础上进行活化利用,为传统村落保护资金的筹措广开渠道。简言之,对于蒲塘村要在原有保护的基础上,大力弘扬本村非物质文化遗产,推动旅游开发以活化利用。

三、石门乡靖思村

靖思村隶属于江西抚州市金溪县石门乡,处于金溪最南端,村落形成于元代以前,现有公路通县城,距县城约35千米。全村总人口1166人,山地9800亩,耕地2184亩(表5-6)。2019年6月靖思村被列入国家传统村落名录,称"宰相故里"(图5-42),特色建筑

表5-6 靖思村村落基础数据一览表[9]

村名	靖思村	村落属性	行政村
地理位置	江西省抚州市金溪县石门乡	形成年代	元代以前
村域面积	8.27平方千米	户籍人口	1 166人
地形地貌	丘陵	主要姓氏	蔡氏
特色建筑	蔡氏家庙	特色民俗	马灯表演
村落名人	蔡国用	特色美食	藕丝糖
核心特征	宰相故里	国家传统村落批准时间	第五批(2019年6月)

为蔡氏家庙(图5-43),村落名人为明万历山西和福建道御史蔡国用,特色民俗为马灯表演,特色美食为藕丝糖。靖思村建村于南宋,始祖为理学家蔡元定(西山先生)的裔孙蔡雪轩。到明朝崇祯时出了蔡国用。蔡国用为官清廉,不畏权贵,天启年间还同魏忠贤作过斗争,培养、提拔了大量人才。现在蔡氏家庙里挂着后人彩绘的蔡国用肖像和复制的

图5-42　石门乡靖思村无人机航拍影像(2019.8)

图5-43　靖思村古建筑之蔡氏家庙

明朝廷御赐"清忠端亮"横匾。蔡国用读书的故事也在古村流传不衰。靖思村风景优美，山环水抱，左有涂岭、三山为屏障，右有鸣山峙立，又有凤凰山佐其侧，前有潭山之秀，后有后龙山香炉峰为依靠，四面皆山，宛如城郭。涂岭湾众小溪汇流于前，芦河清江之水绕于后，由东向西直折南下，合流狮子口，外有盱江之西流水，这些河流犹如护城河，还有狮、象两山把水口。

蔡氏家庙建于清康熙二十九年（1690年），面积约600平方米，由蔡国用嫡孙蔡赐嬴建造。该建筑位于靖思村之西，芦河东岸，旁边有一条小溪注入芦河旁的狮子口。家庙后有一座象山，与狮子口对峙，其象鼻伸入芦河中，故有"象把山关、狮守水口"之说。家庙属官厅格式，三重大门直进，有上、下两厅一廊，大门外另有一走廊，原本是木栅结构，后来因办学被拆，另加一堵砖围墙和一重门。村内名人蔡国用（1579—1640年），字正甫，号静原。自幼聪颖，少年入郡学读书，发奋用功，学问日进。明万历三十八年（1610年），31岁的蔡国用考中进士。初授中书舍人，后升山西道御史，上疏有关治国七条政见，其后改调福建道御史。其为官清廉谨慎，不畏权贵，朝野中声望口碑甚是不错（图5-44）。蔡国用发奋读书的故事，激励着一代又一代乡民学子，该村数百年来文运昌盛，崇书尚读，儒风代起；村落中有"读易堂"等多处学馆遗址，处处可见村民们读书写字、传播文明的印迹。在科举时代，除出过蔡国用外，还出过不少进士、举人；废除科举制度后，这里出过旅法地理学家蔡宗夏，著名翻译家、教育家蔡文显等；最近几十年，村中硕士、博士更是层出不穷。

图5-44 靖思村蔡国用雕像

2018年新农村建设开展以来,村民理事会在乡、村两级组织的直接领导和精心指导下,始终坚持以建设"宰相故里,美丽靖思"为目标,本着"精心规划、精致建设、精细管理、精美呈现"的要求,全力开展"八改三网"建设,同时注意结合村庄地形地貌,融入"古韵、生态、秀美、实用"标准,大力开展全村基础设施建设和环境整治工作。投入230万元用于靖思村7个村小组新农村建设,高标准打造集生态休闲为一体的森林公园,为靖思村老百姓提供了绝佳的休闲场所;投入120万元建设靖思村南入口休闲广场,彻底改变了靖思村没有休闲广场的历史;投入40万元打造琪园森林游步道800米;投入162万元进行污水处理;投入80万元高标准打造靖思村党员文化综合活动中心,极大地提升了靖思村基层党员文化建设水平;投入184万元进行太阳能路灯、中心塘建设和靖思村县道连接段升级改造及附属工程建设。村容村貌有了很大提升与美化,提高了农村的安居条件(图5-45)。

便民服务站

健身器材

活动中心广场

扶贫项目标志牌

图5-45　靖思村基础设施建设成效

　　靖思村目前仍然存在少部分因年久失修而濒临损毁的古建筑(图5-46),这些古建筑大部分已经倾斜坍塌、勉强支撑,刮风下雨时极易造成倒塌事故。建议村委加强村内古建筑整治修缮和日常维护工作,尽快对村内质量较差的古建筑进行抢救性修缮。靖思村目前的整体状况可谓良好,建议进一步整体保护,对历史文化资源在保护的基础上进行活化利用,为传统村落保护资金的筹措广开渠道;完善配套基础设施,提升村民生活水平,并在此基础上发展旅游产业。

图 5-46 靖思村即将损毁的古建筑

四、合市镇大耿村

大耿村位于金溪县西北方向,距合市镇中心 7 千米,东靠合市村,南靠湖坊村,西与玻璃乡接壤,北靠岐岭村,村落布局清晰,轴线明显,村貌整体外形如"印"字,祖先称"印字基",东西近 500 米(图5-47)。全村设 10 个村小组,户籍人口 1 007 人,全村耕地面积 2 998 亩(表5-7)。在金溪古村落群中,大耿的村落入口空间可谓保存较好且较典型。特色民俗为马步灯和矮脚龙表演,特色美食为麻糍和藕丝糖,是一座才人辈出的传统村落。大耿村始建于宋代,原名耿阳,西边有桥,所以又称耿桥。北宋绍圣年间(1094—1098年),时任江西临江郡郡守的徐氏先祖徐柏轩到金溪游玩,途经耿阳,见此处山水明秀,便留心规划经营。南宋建炎年间(1127 年后),徐柏轩迁居此地,成为耿阳始祖。至清康乾盛世(1681—1796 年),耿桥村已有千余人,成为当时的望族,于是更名大耿。自宋代建村以来,徐氏家族在此繁衍生息、安居乐业,在明清时发展最好,因而保留了当时的众多建

图 5-47　合市镇大耿村无人机航拍影像(2019.8)

筑。村内现保存有"义封门""柏轩公祠"(图 5-48)及"兴贤坊""尚书第"等明清古建筑 30 余座。现在大耿古村存有 200 多幢传统风貌建筑,其中包括祠堂、书院、门楼、古民宅等。代表性建筑有"南州高第""义封门""榜眼牌坊""柏轩公祠""尚书第""长兴古寺"(图 5-49)等。村居坐北朝南,井然有序,一条石板大道横贯东西,七条直巷(长 75 米的文林巷、长 100 米的归田巷、长 120 米的石山巷、长 70 米的步云巷、长 85 米的文山巷、长 115 米的榜眼巷、长 70 米的竹山巷)纵穿南北(图 5-50),与互相贯通的小巷一起划分了九大古民居聚落群。

表 5-7　大耿村村落基础数据一览表[9]

村名	大耿村	村落属性	自然村
地理位置	江西省抚州市金溪县合市镇	形成年代	宋代
村域面积	3.27 平方千米	户籍人口	1 007 人
地形地貌	丘陵	主要姓氏	熊氏、张氏
特色建筑	长兴古寺	特色民俗	马步灯、矮脚龙表演
村落名人	徐琼	特色美食	麻糍、藕丝糖
核心特征	人才辈出	国家传统村落批准时间	第四批(2016 年 12 月)

图 5-48　大耿村古建筑之柏轩公祠

图 5-49　大耿村古建筑之长兴古寺

图 5-50 大耿村的七条直巷

长兴古寺原名长兴观,始建于宋朝,现存为明清建筑混合体;建筑面积约 467 平方米,坐北朝南,西殿正门有长兴寺门牌。正堂大雄宝殿供坐如来佛像,其余诸神依次列左,千姿百态,栩栩如生。东北是观音堂。如今道观已改为佛寺。柏轩公祠,即"麟阁世家"祠堂,为大耿总祠堂,建于明代弘治年间,建筑面积达 1 000 平方米,整个祠堂古朴大方又不失精致典雅。中堂宽敞明亮,是族人议事、举办庆典活动的主要场所。兴贤坊,又名榜眼门楼、榜眼牌楼,朝廷敕封于徐琼,建于明代,建筑面积 32 平方米。原为三层,遗憾的是多年失修,上中层已倒塌,现只残留底层。耿桥,位于耿桥古第之前,始建于南宋乾道年间(1165—1173 年),后桥石被窃,万竹翁疏滩清塘时,得断石于淤泥中,上有"桂阳军教授陆九龄"八字,乃九龄先生为耿桥所作之《建桥碑》的残件。现桥已加宽加固,混凝土桥面,可通中小机动车辆。尚书第,俗名官厅,为礼部尚书徐琼故居。想当年,一代名臣徐琼退休居此,读书吟咏,当是何等清幽雅致,而今却"秋风庭院藓侵阶"。

大耿村非物质文化遗产为马步灯表演(图 5-51)。马步灯由竹篾扎成,分两节,一节为马头及前部,一节为后部及马尾,外面蒙上有色布,演员站在两节中间,走马时,屁股顶动后面竹篾,马灯的尾部便一耸一摇,显得十分生动。一般表演皆为四马,计有红马一匹,暴花马一匹,白马两匹。另要"打城门"三人,穿"兵""勇"衣服的马童四人,"打花钵"四人,掌旗一人。乐队中要有打击乐和吹奏乐,打击乐器有锣 2 个、鼓 2 个、钹 2 个、小锣

2个;吹奏乐有喇叭2个、长号1个。马步灯表演中打击乐节奏鲜明,情绪饱满昂扬,节奏时快时慢、丰富多变,极有地域特色。全套动作表演完毕,大约需要1个小时。

图5-51　大耿村马步灯表演

　　大耿村目前正在实施金溪县小耿、大耿古村历史文化保护规划,对传统村落的保护意识较强。目前常住人口为760人,村民年均收入15 660元,为本次调研古村落之最;古建筑面积占比84%,传统村落遗迹保护较为完善,拥有矮脚龙、马步灯表演等特色非物质文化遗产,适合发展体验式旅游产业。大耿村目前拥有最为完善的民生基础设施建设,也是唯一一个有公交车站的村落,交通便利。但大耿古村建设用地以村民住宅用地为主,村庄公共服务设施用地和产业用地较少,古村内商业设施主要为村民自家开设的小卖铺。另外,大耿村目前仍然存在部分古建筑濒临坍塌,部分古迹处于无保护状态,主要问题在于保护修缮资金匮乏。建议尽快整治维修村内质量较差的古建筑,改善居住环境;大力宣传和加强村民对古建筑群的保护意识,合理引导群众转移,控制村民在古村落内建房,对古村落进行合理有效的保护,增加保护经费投入,提供科学有效的指导,扩大保护力度和保护范围。

第六章
金溪县传统村落发展问题与困境

金溪县传统村落目前的发展可谓是星星之火,其发展既有全国传统村落的共性特征,也有其自身的个性特点。关于传统村落保护与开发的问题与困境,显然也同样存在共性与个性特征。共性问题前文已逐点提及;个性问题则因每个传统村落发展的状态差异大致分成若干种类型。本章将在前文阐述的基础上,总结归纳金溪县传统村落保护与开发目前存在的共性与个性问题,探讨发展困境及其原因,并试图探寻根源、提出解决方案。

第一节 共性问题:政策环境的合理性问题

一、政策及法律法规有待完善

我国传统村落立法目前大致可分为国家级和地方级。国家级的立法最早为2005年颁布的《中共中央 国务院关于推进社会主义新农村建设的若干意见》,条例中首次提出保护古村落的要求;2021年中央一号文件《中共中央 国务院关于全面推进乡村振兴加快农业农村现代化的意见》则明确指出:"保护传统村落、传统民居和历史文化名村名镇"。涉及传统村落的立法目前为《中华人民共和国文物保护法》《中华人民共和国非物质文化遗产法》,分别涉及传统村落中物质文化和非物质文化遗产的保护;另外2021年颁布的《中华人民共和国乡村振兴促进法》规定:"县级以上地方人民政府应当加强对历史文化名镇名村、传统村落和乡村风貌、少数民族特色村寨的保护。"2012年,住建部印发《关于加强传统村落保护发展工作的指导意见》，首次定义了传统村落的学理概念。2014年4月，住建部、文化部、文物局、财政部联合印发《关于切实加强中国传统村落保护的指导意见》，明确提出传统村落保护要坚持"六项原则"：一要坚持因地制宜，防止千篇一律；二要坚持规划先行，禁止无序建设；三要坚持保护优先，禁止过度开发；四要坚持民生为本，反对形式主义；五要坚持精工细作，严防粗制滥造；六要坚持民主决策，避免大包大揽。强调遵循科学规划、整体保护、传承发展、注重民生、稳步推进、重在管理的方针，通过加强传统村落保护，改善人居环境，实现传统村落的可持续发展[97]。2017年1月，中共中央办公厅、国务院办公厅印发了《关于实施中华优秀传统文化传承发展工程的意见》，强调保护传承文化遗产，实施中国传统村落保护工程，做好传统民居、历史建筑、革命文化纪念地、农业遗产、工业遗产保护工作；保护发展融入生产生活，挖掘整理传统建筑文化，鼓励建筑设计继承创新；加强政策保障，完善相关奖励、补贴政策，落实税收优惠政策，引导和鼓励企业、社会组织及个人捐赠或共建相关文化项目。地方立法相对而言则较为注重本地传统村落固有特征。2016年12月1日，江西省正式颁布实施《江西省传统村落保护条例》[98]，该条例是全国首个传统村落保护的地方性法规，率先将传统村落保护纳入法治化轨道，对传统村落的责任主体、申报认定、规划编制、保护利用等作出明确规定，为规范和促进江西省传统村落保护工作提供了法治保障、发挥了重要作用。2021年初，江西省编制出台了《江西省传统村落整体保护规划》[99]，该规划是全国首个省级层面的传统村落整体保护规划，提出了"三核一九片一多点"的整体保护格局，对全省传统村落的发展路径进行分类指引、提出发展思路。

传统村落的国家和地方立法正逐步完善，但存在的问题依然严峻。第一，无论是国家级还是地方立法，所有的条款针对的主要是保护与开发的指导思想和原则性问题，对于细化的传统村落整体性、系统性保护如何实现等问题尚未涉及。已有的各种法规普适性很强，但立法对象过于宽泛，以文物保护为主，传统村落的相关对象极少，非遗活态传承等相关内容的保障条款并无涉及。第二，立法内容同质化现象严重，各地的传统村落相关立法均以国家级立法为蓝本进行因地制宜的设立，但无论是立法结构还是内容均趋同与重复，未深入挖掘本地特色，特别是在立法目的、政府职责、申报认定程序、违法行为等方面完全或变相复制已有法律条款，造成不同地方立法文本具有高度相似性。第三，缺少国家层面的专门立法。虽然我国地方传统村落相关立法逐年增多，但效力层级较低，一旦遇到保护与开发的细节问题，例如古建筑的修缮和维护应当基于什么样的法规、达到什么样的程度；是需要聘请工匠专家团队，还是仅仅对其进行维修即可，无据可依。考虑到国家地大物博、地方立法众多，亟需专门的国家级传统村落保护与发展有关法律起指导和规范作用。

二、管理机制待改进,发展资金不足

无论是国家级抑或地方各级传统村落,对其保护是个大工程、大系统,涉及各部门、各系统,需要合力协助完成工作。目前国内和地方各级传统村落的保护相关部门并不统一,存在"九龙治水"现象:传统村落主管部门为住建部门,村落规划与建房审批的权限在于自然资源部门,农村宅基地管理主管为农业农村部,非遗保护和文旅开发则归文旅部门管理,另外传统村落的保护与开发还涉及财政、交通、水利等部门,缺乏有效的协调统一联动机制,无论是物力人力均效率低下,遇到问题容易形成各管一摊、互不相干的"踢皮球"状态,想管事做事的有心无力无权限,违法乱纪不作为的避之不及,机制上过多部门分摊任务即存在效率问题,均是造成目前省内各级传统村落管理混乱的根源。另一方面,传统村落的保护过程是一个有机统一的整体,而现实情况是传统村落的历史文化保护和乡村发展涉及各部门,均从自身工作需要和诉求出发,编制自身需要的专项保护规划,缺乏统筹安排,导致规划内容重复、矛盾,资源浪费等问题频出,甚至给传统村落造成了损失和破坏。

传统村落的保护与开发,包括传统建筑的基础设施建设、文化遗产保护、非遗文化传承、村居环境提升、产业转型升级等,均需要大量的资金投入,需要合力的管理联动机制来协调组织和监督。在调研过程中,几乎所有的传统村落一致的问题就是"缺钱"。目前可用的资金只有中央财政对前四批中国传统村落的补助,以及省级财政对省级传统村落的支持,杯水车薪。另一方面,传统村落目前固有的"空心化"、濒临消亡和一系列诸如产权、管理、运营等问题,使得社会资本较难进入。地方政府受此影响投入积极性不高,村民自身投入也得不到保障,产生资金投入的根本性难题。

三、用地指标紧缺,"空心化"问题严重

传统村落无论是保护还是开发活化利用,其基础设施建设、古建保护修缮、服务产业配套均需要大量的新增建设用地;为改善村民的生活质量,满足不断增长的人口数量,须加大宅基地配置。调研显示各地各村的新增用地指标严重不足,存量指标建设用地无法满足传统村落保护与发展需求,传统村落发展后继无力。另一方面,部分传统村落并未录入保护名录或是未被认定,地方政府和各管理部门无心保护开发;村民群众则因提升

生活品质需求希望拆除旧有古建筑而建新居,无心申报传统建筑;一部分企业以保护之名私自拆改未受保护的传统建筑,加之目前传统手艺的建筑工匠稀缺、非物质文化传承乏力、保护开发理念滞后等原因,有相当一部分具备传统资源的古村散落各地得不到及时保护。

无论是前文所述应急抢救型、整体保护型还是活化利用型传统村落,调研过程中最普遍的现象即古村中大部分为老弱妇孺,少见或几乎不见具备劳动力的适龄青壮年,甚至连放暑假的大学生都未曾谋面,偌大的村子门可罗雀。这一方面反映了传统村落自身缺乏适合民生的、能给村民带来经济效益的产业,另一方面也说明古村的基本生活设施或基础设施建设尚存问题,反映出村落的发展没有找到合适的主导主体,例如一些具备红色资源的古村就不宜采用乡贤主导模式进行保护开发。当然,此类问题的原因绝非如此简单地进行解释,也与地方经济发展和政策合理性,以及产业布局和群众个人意愿都有直接联系。在这些传统村落中,也不乏部分发展较为理想,且已经形成一定的村落经济发展引擎的古村,如竹桥村在保护的同时发展旅游业,带动村民创业开发古村资源;如后龚村应用红色旅游资源带动地方研学旅行和红色旅游,继而形成红色景点带动乡村经济和提升村民收入,村民逐渐回流;如游垫村以数字化创意旅游带动乡村经济,吸引大量村民回村参与旅游产业建设。

四、专业人才匮乏,活化利用程度弱

目前针对传统村落保护与开发的专业文博工作人员严重不足,缺乏传统村落保护设计队伍和古建筑专业人才,导致对传统村落中文化遗产的研究不透、方案设计不到位。旅游发展仍处在自发性初始阶段,宣传力度不够,知名度不高,无法形成支撑传统村落良性发展的经营项目和相关产业。

第二节　个性问题:现实差异与管理和思维

一、保护与开发的现实差异

就金溪县传统村落而言,各传统村落保护与开发的差异不可谓不大。对于部分传统

村落而言,如前文所述的秀谷镇傅家村、琉璃乡谢坊村、琉璃乡北坑村等为代表,发展速度相对较缓,优势不明显,定位不明确,整个村落仍然处于管理混乱、规划缺乏、空心化愈演愈烈、发展多头无序的现状,古建筑等古文化遗迹如何保护开发还有待思考和规划。这些缺乏规划的传统村落今后如何寻找样板或走出自己的特色保护与发展之路,如何制订合理的发展规划,如何理顺管理体制和引入资金,需要慎重思考。样板就在眼前,重点在于面对所述的共性问题和个体问题如何克服困难、尽快付诸行动,如联动管理体系以提高效率,更顺畅更多源地筹集资金,地方政府和管理部门进行主导,村落自身加强保护与开发的主观能动性等。金溪县整体保护型传统村落石门村、旸田村和活化利用型传统村落竹桥村、后龚村、游垫村等为代表的保护开发样板村,通过一系列管理体制与金融产权问题的创新改革,应用创新托管模式,已然走在了全国传统村落保护与开发的前列阵营,成为江西省的传统村落保护利用创新模式,打造了江西形象的"新名片"。但目前对于样板村而言,仍然存在保护与开发停滞不前的问题。一些古建筑的修缮仍然缺乏足够的资金,多头管理的共性问题始终困扰着每一座传统村落的发展,开发随之而来的同质化问题也时不时给传统村落的个体发展带来阻碍。

传统村落的保护开发要考虑的是如何做大做强文旅融合以带动地方经济,而不仅仅是如何寻找资源来修补古建筑,可加大宣传营销投入以吸引人气,开发特色非遗和文旅纪念品,增加农产品电子商务平台销售等。已经是样板村的传统村落要积极做好旅游带动保护与开发古村的进一步工作,巩固对古建筑等古村资源的保护,加大产业的基础设施建设与规划,加深招商引资力度,提升古村的产业转型,加强古村的吸引力,增加村民经济收入,从而逐步解决空心化、古村消亡等现实问题。

二、政府管理与政策支持

传统村落个体差异在保护与开发过程中始终存在,原因主要在于个体发展的先天条件和机遇及地方作为有差别,涉及因地制宜与保护开发优劣势的问题。每座传统村落的保护与开发,不仅与其外部社会和政治大环境息息相关,更与自身现实情况和发展条件成熟度及支持度有密切关联。通过调研可知,大部分应急抢救型和整体保护型传统村落,其地方政府管理手段和效率,以及对古村资源的价值转换思维等都有待提升。地方干部和村民群众多数秉着"300万专项资金不够"的论调,把一切因资金短缺的问题都归结于国家财政投入的不足,而不考虑自己需要做哪些事、如何去克服问题。资金短缺的问题,在全江西省乃至全国都普遍存在,有的传统村落能够想办法解决难题,如游垫村、后龚村等,地方政府和乡村一条心,形成高效的管理联动机制,管理部门能够协调组织和调动一切可以服务于保护开发古村的资源,进行一体化管理,从纵向的国家专项基金,到横向的旅游公司投资开发,到乡贤村民集资捐款,再到创新的"古村金融贷",结合古建筑的产权经营权抵押、确权防风险等一系列措施解决资金问题,很好地为古村的发展提供了必要的条件与支持。如果地方管理部门不具备讲求效率的管理联动性,本着"多一事不如少一事、多做多错"的管理理念,则所有的有利发展资源将无法调动集成,传统村落的发展当然无从谈起。

三、产业和营销思维的提升

在传统村落的调研过程中,无论走到哪座村落,除了"空心化"问题外,还存在一个十分普遍的现象,即旅游业态不配套。传统村落"修旧如旧"是十分重要且必要的发展理念,但绝对不意味着古村要脱离现代化的生存方式,回到古代社会。走访考察大部分的传统村落,除了几个已经远近闻名的古村如后龚村、游垫村等以外,大部分村落缺乏基本的"吃、住、行、游、购、娱"旅游六要素,简言之,游客在古村最基本的吃、住需求,甚至"一杯水解渴"大部分古村都满足不了,仅有简陋的乡村小卖部,缺乏正规经营的售卖点。已走访调研的金溪县的传统村落基本没有一座可以为游客提供餐饮和住宿,更遑论打造商业产品,村落仅能供游逛,而无体验参与类活动,全程只能"走走、看看",没能提供"喝口茶、聊会天、休息一下"的基础设施,也无法满足餐饮需求,一台低成本的自动售货机没有在任何一座传统村落里能看到,甚至喝口水都得去村民家里要。此状况一方面让游客游览时无法获得基本的休闲娱乐、悻悻而归,重游率几乎为零,另一方面也无法为村民提供创业机会或工作岗位,除老弱妇孺外,大部分村民还是得离开村庄去谋发展。这些现象当然与地方管理者和村民群众有最直接的联系,但如果全体古村主导发展状况皆如此,那就不仅仅是不作为而是思维方式的问题。大部分传统村落均缺乏将古建筑等资源包装营销的思维,这与目前主流的传统村落旅游开发大相径庭。在沿海省份例如江浙一带,旅游景区包括传统村落出现了同质化和过度商业化问题,这也是在旅游开发中需要避免的。在其他省份的个别古村里可以看到一些旅游景点挪用江西传统村落的古建筑古物件,经包装营销就成了当地遗迹,这不得不令人扼腕痛惜。"东西要好,会卖会夸"并不是贬义,"酒香不怕巷子深"思想已经不符合当下互联网信息时代的旅游需求。旅游景区或是传统村落开发景点如果认为游客少而不必设置旅游基础设施(如自动售货机、咖啡厅、餐饮设施等),则永远无法吸引更多的游客前来,再好的管理体系和再充足的资金也无法改变现状。

第七章
"金溪经验"下传统村落发展的未来

金溪古村落称得上是"中国生态聚落群的典范",完整保持了江右文化背景下的农耕田园风貌和文化传统的原生态,有着足够的宽度、广度和深度,建立了中国明清时期文明的"生态公园"。在政府和民间的努力下,金溪的古村落群大部分保护修缮得较好,但也不可逆转地在老化与凋敝。如何延续古村落的生命力,需要当地各级力量的共同投入[100]。金溪县采用创新的托管开发模式,目前已成功保护与开发了以竹桥村、后龚村、大坊村、游垫村为代表,政府、乡贤、公司、专家等多维主体主导的传统村落。传统村落被因地制宜地以不同主导模式,结合托管开发和"古村金融贷"共同打造,具有了发展的未来可期。虽然在保护开发过程中诸多问题频发,现实困境也在一定程度上影响了发展,但经过多方不懈努力,代表性的样板村在举步维艰中还是保持了发展的势头,村落得到了合理的保护。未来的传统村落如何发展,旅游业是否可持续,需要采用何种思路,还需要深入探讨。

第一节 资金的多途径筹措与长期保障

前文对传统村落的保护与发展实例分析显示,古村建设发展离不开资金,首要任务是如何"开源"、如何从机制上对村落进行长期资金保障。金溪作为传统村落数量全省排名第一的县,实践证明,对古村的保护与发展采用"政府财政+社会资本"的资金渠道模式具有良好的可行性。

金溪县今后须继续通过各种途径获得国家和地方各级部门的财政支持,注重保护资金的长期保障。2017年,金溪县获得由财政部、文物局资助开展,中国文物保护基金会全程管理的"拯救老屋行动"整县推进项目,在两年内获得4 000万元(2 000万元/年)资助[101];2020年6月,抚州市入选财政部、住建部的传统村落集中连片保护利用示范区(市)项目,金溪获得保护建设资金9 000万元[102];2020年7月,中国文物保护基金会江西省金溪县古村古建保护发展专项基金设立,向社会募集资金359.89万元[103]。虽然传统村落保护能够得到中央和地方各级财政支持,但村落数量多,村落个体所获得的资金极为有限。追溯目前已经拨付到位的财政资金,很大一部分用于古村落的基础设施建设和古建修缮,尚不能满足旅游发展的需要。至关重要的是,最终能够有多少资金真正有效在村落保护之中发挥作用,需要相关法律法规和使用机制去约束监督。在继续积极争取中央财政资金和统筹省级财政资金支持传统村落保护的基础上,市县财政要统筹资金积极编制传统村落规划、推动非遗传承,尤其是改善传统村落的基础设施和人居环境,推进传统建筑示范性修缮改造。通过财政投入提高地方工作的积极性,带动地方对现有传统村落的支持力度,逐步将未纳入保护名录的村落和建筑列入保护名录。地方各级人民政府应根据现实状况,做好传统村落和传统建筑保护资金的保障工作[104]。

除了申请国家级专项资金和补贴外,社会资本的多渠道筹措用以传统村落保护开发也是至为重要的一个环节。第一,社会资本牵涉到"借-贷"主体的问题。以金溪县创新托管筹措资金模式为例,各传统村落和村落居民可以自身作为主体,以古村经营权作为抵押向银行贷款。如竹桥、后龚古村获经营权抵押贷款1亿元;大坊荷兰创意村成功获3 000万元贷款;村民夏志敢以褐源古村经营权为抵押,获贷款500万元;游垫古村整体打包,在深圳文化产权交易所中国古建资产托管交易平台托管上线,成为"金溪托管专区"托管的第一个古村落,有望解决更大的资金缺口。截至2021年2月,当地银行已发放9.89亿元贷款[105]。第二,社会资本的筹措涉及文旅和其他投资开发公司资金投入,如疏口村的保护开发过程中,在当地政府的配合下,开发公司陆续投入7 000万元,政府投入661.5万元,相继完成了70余栋传统建筑产权的收购、村落总体规划设计、6栋传统建筑修缮项目以及村内18口水塘的环境整治工作[63]。另外如竹桥村、植源村、游垫村等,开发公司的资金投入也占据一部分,各投资主体投入资金多少不等。第三,社会资本也包括民间资本的村民乡贤集资,除了传统村落村民自发筹集资金,包括村民个人贷款筹集资金外,以"寻根"名义动员出村在外或已搬迁的乡贤,以"理事会"组织其捐款出资来建设古村,被证明是一种可行的成熟模式,如福建省永泰县以政府出面成立县级"庄寨理事会"用以筹措资金,全县理事会累计筹资已超过1 500万元;江西乐安县湖坪乡成立"三老理事会",在党员带动下,全体成员坚持推广宣传修缮保护工作,说服村民共同保护文物古建筑修缮,积极向在外乡贤人才和企业家宣传传统村落保护的重要意义,筹集资金

150多万元;福建省连城县成立了15个村级理事会,其中之一的新泉镇通过"以奖代补"方式推动新泉村传统村落保护性和抢救性修缮项目建设,村理事会发动乡贤捐资73万元,实施了温泉公祠等6个修缮项目,镇政府给予18万元资金补助,社会资本参与古村保护利用的热情得到充分调动[106]。第四,可通过网络"众筹"筹措资金。目前以全国最大的古村落志愿者公益组织"古村之友"平台为基础,大批志愿者为部分古村筹集了资金;另外,有少量传统村落如浙江萧山凤坞村三次成功众筹促进千年古村保护发展,表明传统村落保护资金的众筹可行。第五,效仿沿海省份,实施创新社会资本招引政策。如浙江省在2016年设立了全国首个传统村落保护利用基金,总规模20亿元。该基金由浙江省旅游集团、浙江省农业投资发展基金有限公司联合发起,由浙江金控、杭州银行、杭州联合银行等共同出资,成功打造了一批具有鲜明特色与吸引力的高品质乡村振兴示范项目和网红项目,为拓宽传统村落融资渠道提供全国典范。安徽省发挥资金叠加效应,以黄山市为试点,把财政资金作为"种子资金",持续加大社会资本招引力度,吸引旅游融资平台融资、世界银行贷款、本地人士返乡投资、村民入股等,逐步打造传统村落保护利用升级版[104]。

资金的筹集是传统村落发展的基本保障,将是一个长期的艰巨任务。在筹集后使用和项目建设过程中资金管理问题须引起重视,如有挪作他用或出现"占为己有"的现象,须有相关法律条款进行制裁。同时要注意资金使用情况的监督更新,在后续工作中陆续在平台上公布捐款资金的使用情况和具体明细,由政府各部门和群众监督。最后,对于捐款或参与志愿投资古村落保护开发的团体、个人和组织可以给予一定的奖励,例如记功立碑、免除古村落的门票、给予在古村落饮食住宿的优惠折扣等。

第二节　现代化要素融入古村发展

无论是修缮保护抑或是活化利用,传统村落的长期发展必然要考虑到资源价值转换问题。资源价值转换,通俗说法即如何让传统村落的古建筑、古文化等资源借文旅产业产生经济效益。价值转换并不意味着简单的买和卖,更不代表对古遗迹和文化资源进行明码标价的"等价交换",而是尽可能地用市场活化村落古遗迹资源,形成经济价值回馈给村民,继而进一步振兴乡村、保护传统文化,这是一个相辅相成、缺一不可,且循序渐进的过程。商业化与传统文化传承应该是一种协调互助、互惠共赢的关系,而不是对立矛盾、"有你没我"。金溪县乃至江西境内大部分的传统村落一方面存在大环境如"空心化"问题,且本身当地休闲消费群体人口较少,导致旅游产业的带动开发缺乏人气,传统村落的景区吸引消费者能力较低。而一旦人气不足,再好的古村落资源和文旅业态创意均无人问津、无疾而终,随之而来的是招商引资的低效和匮乏,商户和投资者纷纷人去楼空。传统村落想要发展振兴,抓住市场是唯一可行的办法,但市场是不以人的意志为转移,它有风险、有起伏,是否能够融入需要做足长期功课,绝非仅提升管理体系或是解决资金问题就可以驾驭和控制。

金溪县的传统村落虽然有"1.0—4.0"版创新开发模式的发展样板,但要以旅游产业带动村落的良性发展与提升,仍然任重道远。即便是开发较好的村落,其旅游六要素的布局和基础设施仍然无法完全满足消费者的基本需求。前文已提及,除竹桥村休闲娱乐设施开发较好外,其他三个样板村的旅游开发仍然停留在"走走看看"、仅仅满足游客好奇心的状态;无餐饮、无住宿、无特色周边产品、无消费场所,一座座诚意打造的古村,规划和创意中欠考虑游客的需求。大量的问卷调查结果显示:乡村旅游的消费者需求与普通的旅游景区并无二致,且消费者自身的特点基本对旅游业态的需求不产生相关性,换言之,以传统村落为例,不同年龄段、不同经济能力、不同家庭构成和不同职业背景的人群(文旅专家或许是个例外),对于消费需求大体相似,而传统村落目前缺乏的恰恰是最基础的消费供应,不仅导致现实游客稀少,更导致顾客满意度、重游重购率、旅游动机等旅游消费者需求欲望的下降。游客心不在此,对传统村落陈列展示的古文化资源并不了解或感兴趣,如何去带动乡村旅游消费?因此,考虑如何让传统村落首先打造消费者无差别需求的基础设施,进而融入现代化要素吸引游客,是接下来每座古村需要解决的现实问题。

按照传统村落现代化要素融入的要求,前文四座样板村首先应该积极完善旅游基础设施建设,再图在个性化特色、现代化元素创新上有所作为。考虑到每座古村的软硬环境不同,旅游基础设施建设可以先从低成本的诸如自动售货机、饮食贩卖流动小站、流动售货车等解决"吃"需求的设施入手,针对游客密度不高的状况而设置。个性化特色、现代化元素融入旅游创新则根据传统村落本身的资源进行打造,如一些明清古建筑群较为完整的古村落,如石门乡横源村,可设计修葺成具有古建筑连片效应环境的明清影视摄影基地、婚纱摄影基地,并利用古建筑打造"穿越时光的博物院",或是开发成人礼、寿礼场所;同步设计各种旅游伴手礼,形成一条完整的文旅创意产业链,并可以使得村民陆续加入古村基地建设和手工制作的群体,吸引其回乡创业、工作。另外,建议使用现代数字科技宣传和推广传统村落在招商引资、品牌打造、产销对接方面的独特作用,以数字经济赋能传统村落产业振兴。如应用智能化检测识别技术对古村中的古建筑等进行气温、空气污染物状况等生活实时数据检测播报,运用虚拟和互联网技术建设古村古建感官沉浸式体验区,建立特色农产品的电子商务平台。应用 VR、全息投影和 5G 技术对祭祀和民俗文化仪式场景进行穿越式虚拟再现;应用新媒体和互联网打造如"掌上乡村"APP,让所有的古村资源都为人知、让人接触,继而逐渐进行价值转换。

第三节 乡村"人"的培养与向心力

这里的乡村"人"不仅是指本地村民,而是包括一切为乡村振兴传统村落保护与发展提供技术、心智、管理的所有个体与团体、组织等参与者。

有资料显示,"2012 年国家文物局在全国 31 个省、市、自治区进行了全国文博业务机构专业人员现状调查统计,其中文物修复技能人员总数为 2 715 人,占专业技术人员总数(15 786 人)的 17.2%,且仅占当年全国文物系统从业人员总数(111 388 人)的 2.4%。"表明我国缺少专业性的文物修复人才,而修复人才是所有传统村落所急需的。金溪县的古村落保留的大量明清建筑,在时代转换中历经风雨,部分建筑出现墙面破损甚至倒塌现象,如无专业修复人员进行修缮将很快不复存在。基于这种现状,目前比较好的方式是聘请专业的文物修复专家对金溪县地方文旅工作人员、拥有历史学背景的科研人员,以及古村非遗传承人员展开培训,培养其保护传统村落的意识和技术,并将之付诸于古村落发展实践。

村民是传统村落保护与开发长效维护的主体。"空心化"问题来源于大量农村劳动力前往城市定居、工作,使乡村居民的文化结构、劳动力结构等发生了巨大的变化,造成村落人去楼空而濒临消亡。金溪县古村落的大部分青壮年因村落本身缺乏发展机会和经济产业而在外务工,留下老人和留守儿童,这些人员不仅无法承担起农业生产的重任,更使乡村治理主体乏力。"空心"问题的解决就在于通过多维发展传统村落,让村落拥有产生经济效益的产业,形成稳定的就业劳动力吸纳渠道。另一方面,金溪县的乡镇政府部门可设立返乡补贴以及提供各种工作机会,鼓励在外年轻人返乡创业、工作,让在外年轻人加入到对家乡传统村落保护工作的策划之中,为家乡的传统村落保护建言献策。

最后,传统村落消失的重要原因之一,在于村落原住民对于传统村落的保护开发等价值缺乏认识。当地村民是村落的主要产权者,也是古村保护的主要参与者。但是村民本身对于村落的现存问题和引起缘由并不十分了解,且对村落保护和"中国传统村落"缺乏认知,意识不到传统村落的保护与开发与自己现今和今后的生活息息相关,大部分的留守村民认知仅仅停留在"开发古村对我有什么好处?"的事不关己层面,故而既无法理解乡村振兴背景下传统村落的保护需要自己参与,更无力支持村落产业发展的长远规划;有学识和经济能力的外在村民则因古村现状问题,基本不参与或避而不谈村落开发规划,且他们基本对于家乡古村落产业开发、经济提升和乡村振兴不抱希望。因此要加强对村落居民以及其他相关主体的教育,积极探索具有激励机制的乡贤支持古村项目与计划,提高他们的保护意识,尽量让每个村民都积极参与到保护传统村落的工作中来。

第四节 传统文化与资源的保护与传承

非物质文化遗产的保护和开发已刻不容缓。金溪传统村落非物质文化遗产丰富,如雕版印刷手工技艺、木雕传统手工技艺、藕丝糖制作以及手摇狮和马步灯表演等。这些非物质文化遗产是人类文化发展史中的珍宝,具有无与伦比的历史价值,非常有保护和继承的必要。村民既是继承的载体,也是传承的主体。建议今后在传统村落非遗保护过程中,确定村民中代表性非遗传承人,由他们管理此项非遗技术的传承。在选举传承人时,要破除传统的"传男不传女"等家传糟粕思维、破除非遗只在某个区域内传播教育的思维,让保护非遗成为普世价值观,让非遗文化进入高校课堂,既可以利用高校学科优势对"非遗"实施数字化保护,还可以通过学术研究、开设课程等形式传承"非遗"。非遗传承人掌握着精湛一流的传统技艺和表演艺术,对相关行业的认同感比较强,再使其积极地培养非遗传承人才,将毕生所学教授给下一代传承人,由此一代一代完成非遗传承。

进行传统村落文化的保护传承,还可建立传统村落文化历史馆,积极进行传统村落文化的梳理和挖掘、提炼,将建筑文化、民俗文化、乡情文化、宗族文化、良好家风文化等妥善保护,利用现代化技术,通过影视、展出等形式展示村落的文化特色。馆内分不同的展览区域,包括村落发展历史、家族迁徙发展历史、家训文化、建筑文化、杰出人物作品、当地医学著作等。对于非遗的展示,不只是静态的形式,可以通过在馆内设立专门的体验区,让前来参观并对相关非遗感兴趣的游客实地体验,如藕丝糖制作和雕版印刷技艺等。

传统村落的建村时间久远,经过数百年的日积月累,村内文物古迹的遗存较多,一旦被评上或认定为国家级或地方各级传统村落,一夜成名的古建筑古资源往往瞬间为不法分子所觊觎。比如福建省漳州市平和县霞寨镇寨里村"霞山兴宗堂"门前两只石鼓,在该村被认定为传统村落后即被盗。金溪县早前也有部分传统村落在被认定为国家级古村后即被盗窃,失去了珍贵的明清文物。因此,村落文物遗迹的安全也是一个需要重视的问题。首先要改革管理保护体系。如金溪县文物管理所和各乡镇派出所建立联合执法机制,相关措施使得偷盗现象逐渐绝迹。另外,从提升村落的安全保护系统出发,可以考虑安装一定数量的监控摄像头以辅助监控保护。

现代信息技术对传统的生活方式、思维观念、管理制度等均产生了影响,为传统村落的保护提供了新的思路与工具。在金溪古村落中目前尚存的一定数量古建筑,很多都是作为单体建筑而存在,"大多数传统村落保护技术手段落后,主要以传统测绘、纸质记录、陈列展示等技术为主的档案式保护方法,这种静态保护模式缺乏持久吸引力。""真正意义上的数字化保护需要提供较为全面的数字化信息,需要集成三维激光扫描、地理空间信息提取、三维建模以及虚拟现实等技术,构建传统村落综合信息数据库,实现信息贮存、平台展示、网络传播等多重功能。"[107]古村落要尽快建立数据库用来保存珍贵的古村落建筑等影像资料,这些数据通过处理,可以与 VR、GIS 等技术进行融合,创建出虚拟的现实场景,通过信息技术复原古村落的原始村貌。

第五节　旅游驱动传统村落的开发与运营

金溪县的古村落发展旅游业可以采取"景村一体化"模式,将整个村落打造为一个景区,利用村落内的建筑资源开发民宿、客栈,利用村落古遗迹开发历史研学,利用土地资源种植花草果树开发果园采摘、季节性赏花活动等。这种模式的优势在于可以充分利用村落的资源,而且村民能够有机会参与旅游开发之中并获取利润,提高经济收入水平。但是在开发旅游业的同时要注重保护性开发,以保护为主。另一方面,因为古村落可供开发的资源、各个村落的文化类型、村落格局十分相似,所以在发展旅游业时极易出现产业结构和开发模式雷同的问题。这就要求激活传统村落内在智慧和活力,根据自身特点发掘那些"人无我有,人有我优"的部分,打造特色农业、观光农业、传统手工业等,让村庄依托自身自然条件、社会条件持续发展。例如南丰县三溪乡石邮村以傩舞文化和蜜橘种植为特色,就可较好打造傩舞文化游客体验观赏景点和蜜橘产业相关旅游项目,而不去照搬其他成熟景区的特点进行规划。另一重点在于注重非遗研学旅行的开发。中国古代极其重视蒙学教育,至今尚且保存着大量的蒙学书籍。现今的蒙学教育已经不再是传统的《弟子规》等内容,非遗项目正好是对蒙童进行教育的重要题材,让中小学生了解中国传统技术和智慧。把金溪县传统村落的非遗引入到"研学旅游"之中,传统的印刷术、藕丝糖制作工艺等都可通过这种形式展示给中小学生,并让其参与其中,从而感受传统文化的魅力,同时也可以为传统村落带来客流量并提高知名度。

对于传统村落的运营,针对竞争激烈的旅游市场,当地的村落旅游开发要积极探索个性化和特色化,形成核心竞争力。前文已经阐述,以政府为牵头人成为保护与开发的主体,通过与乡贤和文旅公司、文旅专家合作,形成古村保护开发多维体系,管理外包给第三方专业公司,对旅游资源开发运营,形成完整的旅游－休闲－体验游览体系。明确游客的需求与村落旅游开发的匹配度,真正搞清运营过程的计划、组织、实施与控制,例如,旅游产品如何定位,需要专业人员进行产品的市场占有率、体量参数等数据的分析统计,进行运营模式投资回报率的计算、保障旅游项目的落实,并开展旅游资源的宣传等。从成本－市场－管理－收益形成完整的运营体系,通过旅游景点选址布局、产品要素策划、旅游设施配套来形成竞争链,打造专业化运营队伍。最后也是最重要的一点,互联网时代,无论年龄大小,人们对于时代变迁和信息传递都反应敏感,因而信息的传播容易形成规模效应。可充分发挥网络媒体的作用,积极通过微博、微信、抖音等新媒体,建立传统村落文化相关的公众号、官方微博等,定期发布传统村落文化特色以及传统村落保护与发展状况的实时信息,同时宣传传统村落旅游开发的进度和特色旅游资源,让村落的居民和在外的中青年人积极转发宣传,为家乡的传统村落保护出一份力。

第六节　本章小结

传统村落的保护与开发任务艰巨,需要以政府或多维主体为主导,管理、协调、组织、控制古村每一步的发展实践。发展的首要问题是资金的问题,在现有政策和环境下,如何不违反法律法规而又可以大展拳脚筹措资金,需要以政府为首的管理部门出面主持,必要的时候可走所有权和使用权换取资金的道路。传统村落的保护与开发除了"钱"和"管"的问题外,还有市场需求匹配性、文化保护传承和专业运营问题。以目前金溪县传统村落的发展现状,以旅游产业驱动建设任重道远。一个根本性问题被提及:如何了解旅游消费者在金溪传统村落的消费需求？金溪县传统村落是否具备基本的旅游消费条件？无论是应急抢救型、整体保护型还是活化利用型传统村落，应该意识到：作为旅游景区，即便是传统村落，其满足游客休闲娱乐需求的重要性，远大于其作为文物古迹展现给游人以彰显其"宗祠等古迹古文化"的重要性，且两者应有机融合，在这个基础上，传统村落的发展与振兴才会有更深层次的突破。另一方面，无论是保护还是开发，无论是修缮古建筑还是打造旅游业态，宣传营销作为最直接也是必不可少的手段，必须受到更多重视。通过宣传推广，不仅让本村村民了解政府对于古村保护和发展的决心和行动，使其意识到发展古村代表发展自己；更是让村周围或更远的群众了解古村的价值，特别是其休闲娱乐、文化彰显的实际内容，这样才能形成传统村落保护与产业开发的良性循环，散落在外的村民不再担忧生计着落而回村建设，使得传统村落真正成为"有山有水有人，有产有业有居"的乡村新形态。

结束语
赋予传统村落发展空间

第一节 金溪县传统村落发展概况

一、金溪县传统村落总体状况

传统村落在江西是一个很有特色的存在。赣派、徽派和客家古村落三足鼎立,各有千秋。赣派主要分布于江西北部、西部和东部部分地区,以抚州为数量最多的聚集地。

目前抚州市国家级传统村落共计135座,其中金溪县57座,加上东乡和临川两地合计的19座,抚州北部地区传统村落整体占比达到56%以上,而南部诸如广昌、南丰和黎川县等合计11座,占比不到10%,表明抚州北部村落较南部村落更为完整。列入国家级传统村落名录的不同批次中,第一批4座,第二批1座,第三批9座,第四批17座,第五批65座,第六批39座,保护范围逐步扩大。抚州市的传统村落保存具备一定数量,传统村落消失速度较慢,受工业化、城镇化的影响较小。

调研村落全部为汉族族群,主要的形成年代集中在元代以前和明清两朝,村落主要因外省市民众为避难或地区建设而迁移入驻兴起,部分为卜居。村域面积为0.15~16平方千米,村庄占地面积50~2 000亩,户籍人口少则不到200人,多则可超过5 000人。村落所在地的主要地形地貌为山地丘陵,部分为平原水乡,村庄绿化覆盖率50%~90%;村集体年收入大致范围为20万~800万元,差距悬殊。村民年均人收入从1 000元至16 000元不等,与当地主要的增收产业有关。主要产业为种植业,包括水稻、葡萄、香菇、白莲、蜜橘种植等,其次为养殖业,部分产值较高的村落也包含建筑业。村落的传统建筑集中在明清两朝,具时代特色。大部分村落可寻迹明清时期仕子名人,如及第状元、翰林院学士、进士、举人、地方知府等。村落中多有家族祠堂,多为生态环境优美、古建精巧绝妙、商贾仕宦医家辈出、世系传承有序、家学文化底蕴深厚的深宅良第,如金溪县合市镇崇麓村的邹氏宗祠和崇麓书院,金溪县合市镇的龚家村龚家大院和龚学遂古宅,金溪县左坊镇后车村的"恩荣三世"进士第,金溪县琉璃乡谢坊村的大夫第、科甲第和进士第,金溪县合市镇大耿村的尚书第、儒林第、麟阁世家及各名人宅第等。村落都建立了综合服务站、农家书屋、文化休闲广场、公共厕所、卫生站,完善了村规民约,供水和电网设施,以及有线电视、罐装煤气、排水设施、垃圾处理站等基础建设完备,而道路交通仍然是薄弱环节,公交车站基本缺乏,另外垃圾无公害处理能力较弱,大部分村落不具备完善的垃圾处理设施。

二、金溪县传统村落发展中存在的问题

区域内大部分村落得到了地方政府的历史文化名村保护的规划,目前村落建筑格局保留完好,不管是整体保护型、应急抢救型还是活化利用型,无论村落整体还是单体民居,聚落构成和建筑形制等均得到了较好的保护,总体而言古村保护情况较为理想,但相关问题也亟待引起重视。

主要存在以下几个方面问题。

第一,部分村落获得政府资金以及社会资本的支持,进行了很好的修缮;而部分村落中的古建因为产权、资金等问题还没能得到及时的维修,只能进行控制保护。县、乡、村干部和群众对传统村落保护的积极性较高,但由于缺乏更多的资金来保护和发展,前景堪忧。大部分村落仅落实主要的保护规划措施,无其他针对性保护,仅有个别村落如金溪县琉璃乡蒲塘村有专门的文物保管员和保洁员进行维护工作,故而部分村落存在建筑损坏甚至倒塌的风险,需要进行抢修。而对于修缮技术也存在手艺传承人匮乏的问题,现代化的材料、技能并不能复原古建筑的特色。

第二,对于打造旅游景区的村落而言,缺乏专业运营景区的第三方开发经营团队。目前传统村落主要结合当地的农副产品、古建筑和民风民俗进行旅游开发,以乡村旅游为焦点,再将旅游收益结合政府拨款用以保护古村落。部分传统村落已经被打造为旅游景区,如金溪县陆坊乡下李村打造智慧村庄和古韵新村旅游景点,目前正在申报 AAA 级景区;金溪县合市镇崇麓村、南丰县恰湾镇恰湾村等发展旅游业与服务业,打造"古宅—

古韵—古人"为基调的特色旅游;黎川县华山镇洲湖村,打造"洪门—天地会—致公党"的文化情怀游,结合村落船形建筑布局的特点,吸引了一部分省内民众前来游赏,村民的人均收入也得到了相应提高。但这样的村落比例非常少,须引起重视。

第三,传统村落文化梳理和挖掘、提炼有待深化,建立了村史馆的传统村落极少,古村的建筑文化、民俗文化、乡情文化、宗族文化、良好家风文化等未能得到妥善传承,或受历史事件影响而遗失散落在各处;另外还有具典型代表性的非物质文化遗产,有可能随着村落衰落而消失。大部分的村落在宋朝以来特别是明清两代均有一定数量的科举取仕名人,村外无人知晓,村内人也未必了解全貌,因而宣传的匮乏、信息的闭塞导致了村文化传承的断档,更遑论打造名人故居等方面的乡村旅游产业项目。

第四,传统村落的保护和开发部分存在过度和同质化问题。有些村落的开发,将村民迁出集体安置,使原古村落丧失了韵味。对于古宅,因禁止村民自行拆毁建新房,但政府又缺乏资金进行完整修缮,致使古宅处于荒废状态。大部分村落主要的保护和开发规划集中于"古宅—名人—青山绿水"三位一体体系,同质化地树立名人介绍、修缮同型的古宅祠堂,开发较为成熟的旅游景点村则清一色的粉墙黛瓦和民俗风情商业街,有形成千村一面的趋势,不仅湮灭了村落的古色古香特色,更形成了生搬硬套的建筑规划风格,无法吸引游客、自然难以形成旅游产业发展。

第五,村民本身对于村落被评为"中国传统村落"缺乏认知,参与程度低;有学识和经济能力的外在村民则基本不参与村落开发规划。如何使村中青年外出人才参与村落的保护与发展,是需要着重考虑的方面。

三、今后发展的具体应对措施

针对资金来源单一、匮乏的问题,应探索多元化的传统村落保护资金投入机制,统筹中央财政、地方财政、社会资本和村民等各方力量参与资本投入,同时鼓励当地村委积极申报开发规划村落和保护修缮工作的相关工程和项目,动员在外乡贤进行家园建设,从多渠道获得资金。对于修缮技术传承人的问题,通过寻访年长技工或其后人,逐步整理清晰古建筑修复技术的流程和细节,通过文字记录和影像宣传,将传统手艺传诸后世,以复原古建筑风格。对于激烈竞争的旅游市场,当地的村落旅游开发要积极探索个性化和特色化,形成核心竞争力。积极进行传统村落文化梳理和挖掘、提炼,应用新媒体进行宣传,打造名人名宅名村乡村旅游特色村落。如将村落的基本情况、保护现状、存在的问题以及应对措施,结合无人机航拍的影像资料,整合投入微信公众号平台,通过新媒体进行外扩宣传,让更多的人知道传统村落的地理位置、文化特色和旅游潜力,凸显特色村落的旅游价值。对于村落保护过度和同质化的问题,需要从多方面分析处理。传统村落产业发展要面向未来,要走旅游开发和产业开发相结合的多元道路。不能一味地只强调乡村旅游、破坏原有文化生态,要激活村落内在活力。村落在外中青年人是目前社会建设的主力,也是村落发展中继承传统文化的重点人群。建议可发挥网络媒体的作用,让在外工作的年轻人加入到家乡传统村落的保护策划和产业开发运营过程中来。

第二节 传统村落发展问题的思考

无论是调研期间抑或平日为休闲娱乐走访古村,金溪县的大部分古村呈现出来的状态,是几乎没有旅游业态。前文已提及,旅游开发是带动传统村落文化资源价值转换的最主要手段,也是驱动地方一、二、三产业,形成全域旅游潜力的引擎,对地方产业升级和经济提升具有不可忽略的作用。旅游开发具体需要怎么做,传统村落适合面对怎样的消费者,消费者对传统村落休闲娱乐的需求在哪些点,都是需要重点考虑的问题。旅游开发不仅仅要具备开发建设视角,更应具备消费者需求视角。目前金溪县超过一半的古村落并不具备有特色的古文化可转换旅游资源,雷同的山水、古街、古树、古建,相似的历史文化遗迹,并不十分通畅的区域交通,还有空心化普遍的村落基层,这样的古村可提供的旅游资源,无非是乡村旅游体验类项目,引导游客看山看水,体验农耕农忙、非遗文化,兴之所至在乡村借宿一晚感受田园风情。通过前文分析可以看出,仅仅是要求并不太高的吃、住、行、消费需求,超过90%的传统村落并不能满足。几乎所有的古村,消费者游览的所有流程,仍然停留在"走一走、看一看",提供基本服务的基础设施还较匮乏。有乡村生活经历的中老年人或许还能念着过往和情怀,克服一下基本的吃住问题,以体验传统村落的田园生活;而对于作为主要消费者的青少年,如何在目前这样零业态状态下,让他们对传统村落的旅游产生欲望和兴趣?旅游是服务人的行业,也是靠人生存发展的行业,如果消费主力忽略这块市场,传统村落的旅游开发难以发展。在高校的诸多古村相关研究课题组织的问卷调查涉及几乎所有年龄段和众多职业类型的调查对象,调查结论都显示,传统村落对年轻人的吸引并不如管理开发主体预期的那样。年轻人想要去的,还是商业化甚至同质化问题较突出的一些人气网红景点,哪怕这些景点除了商业并无优势;而金溪乃至整个江西省的传统村落,传统资源十分丰富,也是"有货有料"可以大有所为的,但以目前的发展态势,仍然有很长远的路要走。比如南昌市近年来打造的八大山人梅湖景区,类似的问题就十分突出。"八大山人"作为梅湖景区的招牌,本是十分具有底气和文化底蕴的,但目前无论硬件还是软件方面存在的一系列问题,导致其旅游业态的发展受限,旅游产业发展受到阻滞。这其中有景区开发的资金问题,景区内建筑产权、消防证缺失问题,景区内各景点设施建筑的多头管理问题,由此引发招商引资不力,景区发展受限;另一方面,景区基础设施缺乏,消费者的"吃、住、行、游、购、娱"的旅游需求几乎得不到满足,更像一个市民公园。梅湖景区作为一个区级管理景区,与金溪县传统村落看似并无交集,且分属不同性质的旅游开发对象,但存在的硬件和软件问题,几乎如出一辙。可见,传统村落要发展,地方管理者主导思想和作为十分重要、发展理念和措施十分重要,牢牢以消费者需求为中心去打造旅游软硬件,使传统村落的传统文化在保护开发之余形成旅游消费热点,是今后相关部门需要重点考虑解决的问题。乡村要留住人,不单只是留住村民;以旅游驱动产业开发为引擎,提升村落的经济活力,吸引更多的村民回乡创业就业;更需要通过自身特色打造和广泛宣传,吸引更多的村外群众前来消费。

主要参考文献

［1］冯骥才.传统村落的困境与出路［J］.村委主任,2013,19(9):10-11.

［2］中华人民共和国农业农村部.乡村振兴战略规划(2018—2022年)［EB/OL］.(2018-09-26)［2023-07-10］.http://www.moa.gov.cn/ztzl/xczx/xczxzlgh/201811/t20181129_6163953.htm.

［3］中国人大网.中华人民共和国乡村振兴促进法［EB/OL］.(2021-04-29)［2023-07-10］.http://www.npc.gov.cn/npc/c30834/202104/8777a961929c4757935ed2826ba967fd.shtml.

［4］央广网.《中共中央国务院关于做好2022年全面推进乡村振兴重点工作的意见》发布［EB/OL］.(2022-02-23)［2023-07-10］.https://baijiahao.baidu.com/s?id=1725522720749701111&wfr=spider&for=pc.

［5］冯骥才.传统村落的困境与出路:兼谈传统村落是另一类文化遗产［J］.民间文化论坛,2013(1):7-12.

［6］王小明.传统村落价值认定与整体性保护的实践和思考［J］.西南民族大学学报(人文社会科学版),2013,34(2):156-160.

［7］梁洪生."中国传统村落"的评选与保护及江西现态初步考察［J］.农业考古,2015(6):298-307.

［8］中华人民共和国住房和城乡建设部.住房和城乡建设部等部门关于公布第六批列入中国传统村落名录村落名单的通知［EB/OL］.(2023-03-19)［2023-07-10］.https://www.gov.cn/zhengce/zhengceku/2023/03/21/content_5747708.htm.

［9］金溪县建设局.金溪县国家级传统村落申报资料［R］,2015:1-14.

［10］金溪县人民政府.金溪县积极探索古村古建生态价值转换新模式［EB/OL］.(2021-11-17)［2022-10-15］.http://www.jinxi.gov.cn/art/2021/11/17/art_10576_

3757978.html

[11] 张小林.乡村概念辨析[J].地理学报,1998,53(4):365-371.

[12] 胡晓亮,李红波,张小林,等.乡村概念再认知[J].地理学报,2020,75(2):398-409.

[13] 胡燕,陈晟,曹玮,等.传统村落的概念和文化内涵[J].城市发展研究,2014,21(1):10-13.

[14] 央广网.致力乡村振兴,在新时代大舞台上绽放光芒[EB/OL].(2019-06-13)[2023-07-10].https://baijiahao.baidu.com/s?id=1636211190644495968&wfr=spider&for=pc.

[15] 邓婷坡,陈小平.乡村振兴战略的逻辑理路、价值旨归与实践路径[J].山西农经,2022,(15):52-54.

[16] 赵琪.乡村振兴战略浅议[J].合作经济与科技,2022(13):42-43.

[17] 安平平.新时代乡村振兴战略的实现路径[J].大陆桥视野,2022(7):50-52.

[18] Yun S H, Lee H S. Actual condition and vitalization plan of rural village festival[J]. Journal of Korean Society of Rural Planning,2014,20(3):1-9.

[19] Davardoust S, Karahan F. Evaluation of sustainable rural tourism, The case of uzundere district, Erzurum, Turkey[J]. Sustainability, 2021, 13(18):10218.

[20] Aryaningsih N N, Suari P R W, Darmayasa N, et al. Management model of rural-owned enterprises based on entrepreneurship innovation as a tourist attraction[C]. Advances in Social Science, Education and Humanities Research, 2021:544.

[21] 刘士林,于炜.再不保护就悔之莫及了:长三角"中国传统村落"调查报告[N].光明日报,2016-04-21(5).

[22] 胡彬彬,吴灿.中国传统村落文化概论[M].北京:中国社会科学出版社,2018.

[23] 管理.文化景观保护视角下传统村落旅游功能发展研究[D].北京:中国城市规划设计研究院,2015.

[24] 孙克勤.北京门头沟区古村落遗产资源保护与开发[J].地域研究与开发,2009,28(4):72-76.

[25] 常青,齐莹,朱宇晖.探索风土聚落的再生之道:以上海金泽古镇"实验"为例[J].城市规划学刊,2008(2):77-82.

[26] 马锡栋,张志豪,都铭.基于在地文化的传统村落保护与活化利用方法研究:以浙江省安吉县鄣吴村为例[J].小城镇建设,2021,39(2):76-84.

[27] 刘志浩.基于可持续理念下的传统村落保护发展研究:以青岛市周戈庄为例[D].青岛:青岛理工大学,2019.

[28] Michael H C, Ian M, Ngawini K. The implications of Maori perspectives for the management and promotion of heritage tourism in New Zealand[J]. Geo Journal, 1993,29(3):315-322.

[29] Tas M, Tas N, Arzu C. A participatory governance model for the sustainable development of Cumalıkızık, a heritage site in Turkey[J]. Environment and Urbanization,2009, 21(1):161-184.

[30] Masele F. Private business investments in heritage sites in Tanzania: Recent developments and challenges for heritage management[J]. African Archaeological Review,2012, 29(1):51-65.

[31] Nakamura N. Towards a culturally sustainable environmental impact assessment: the protection of Ainu cultural heritage in the saru river cultural impact assessment, Japan[J]. Geographical Research,2013, 51(1):26-36.

[32] Lepp A, Holland S. A comparison of attitudes toward state-led conservation and community-based conservation in the village of bigodi, Uganda[J]. Society and Natural Resources, 2006,19(7):609-623.

[33] 央广网.防止过度商业开发,让旅游更好助力传统村落保护(热点辨析)[EB/OL].(2017-12-11)[2023-07-10]. https://baijiahao.baidu.com/s?id=1586443255202922125&wfr=spider&for=pc.

[34] Dogan M. Ecomuseum, community museology, local distinctiveness, Hüsamettindere village, Bogatepe village, Turkey[J]. Journal of Cultural Heritage Management and Sustainable Development,2015,5(1):43-60.

[35] 郐艳丽.我国传统村落保护制度的反思与创新[J].现代城市研究,2016,31(1):2-9.

[36] 梁洪生."中国传统村落"的评选与保护及江西现态初步考察[J].农业考古,2015(6):298-307.

[37] 廖军华.乡村振兴视域的传统村落保护与开发[J].改革,2018(4):130-139.

［38］李翅,车伯琳.结合民俗旅游的传统村落保护与发展:以梅州车龙村为例[J].建筑与文化,2015(10):105-106.

［39］杨理显.保护传统村落 留住文化乡愁:黎平县传统村落保护与民族文化旅游发展纪实[J].当代贵州,2016(37):50-51.

［40］窦银娣,符海琴,李伯华,等.传统村落旅游开发潜力评价与发展策略研究:以永州市为例[J].资源开发与市场,2018,34(9):1321-1326.

［41］洪亚丽.乡村振兴视域下浙江省传统村落旅游发展路径研究[J].农村经济与科技,2021,32(13):77-78.

［42］胡俊青.社会记忆对红色旅游地吸引力的影响研究:以湖南省韶山市为例[D].长沙:湖南师范大学,2020.

［43］谌贻庆,毛小明,甘筱青.旅游吸引力分析及模型[J].企业经济,2005,24(6):115-116.

［44］吴必虎,徐斌,邱扶东.中国国内旅游客源市场系统研究[M].上海:华东师范大学出版社,1999.

［45］刘奔腾,段嘉元,严海慧,等.面向传统村落旅游的乡土景观吸引力评价:以兰州市永丰村为例[J].西北师范大学学报(自然科学版),2021,57(4):46-53.

［46］张雨亭.基于网络文本的乡村旅游吸引力优化研究:以安吉县为例[D].北京:北京交通大学,2019.

［47］张红贤,游细斌,白伟杉,等.目的地旅游吸引力测算及相关因素分析[J].经济地理,2018,38(7):199-208.

［48］单福彬,周静,李馨.乡村文化旅游吸引力的多层次评价:以辽宁赫图阿拉村为例[J].干旱区资源与环境,2017,31(12):196-202.

［49］刘静艳.旅游目的地吸引力及其影响因素研究:以南澳岛为例[J].生态环境,2006,15(2):371-376.

［50］米傲雪.基于景观吸引力的北京市怀柔区乡村文化景观空间研究[D].天津:天津大学,2020.

［51］彭杨莹.基于旅游视角下黄山市乡村景观吸引力研究[D].哈尔滨:东北林业大学,2020.

［52］郑道.南宁市青秀山风景名胜旅游区景观吸引力评价[D].南宁:广西大学,2019.

［53］韩岳.浙江省乡村旅游景观吸引力评价研究[D].哈尔滨:东北林业大学,2017.

[54] 朱元庆.基于AVC旅游吸引力评价指标体系的美丽乡村景观研究[D].苏州:苏州大学,2017.

[55] 李菲.乡村景观旅游吸引力评价研究:以山东省沂南县竹泉村为例[D].曲阜:曲阜师范大学,2017.

[56] Abang Z A A, Jati K A, Lenny Y B K, et al. Ecotourism product attributes and tourist attractions: UiTM undergraduate studies[J]. Procedia - Social and Behavioral Sciences,2016:224.

[57] Kim H, Cheng C K, O Leary J T. Understanding participation patterns and trends in tourism cultural attractions[J]. Tourism management, 2007, 28(5): 1366-1371.

[58] Szivas E, Riley M, Airey D. Labor mobility into tourism[J]. Annals of Tourism Research, 2003, 30(1): 64-76.

[59] Hu Y Z, Ritchie J. Measuring destination attractiveness: A contextual approach[J]. Journal of Travel Research,1993,32(2):25-34.

[60] Deng J Y, King B, Bauer T. Evaluating natural attractions for tourism[J]. Annals of Tourism Research,2002,29(2):422-438.

[61] 葛荣玲.景观的生产:一个西南屯堡村落旅游开发的十年[M].北京:北京大学出版社,2014.

[62] 林超华.旅游导向下传统村落保护与发展研究:以福建官洋村为例[D].厦门:厦门大学,2018.

[63] 王炎松,王必成,刘雪.传统村落保护与活化模式选择:以江西省金溪县四个传统村落为例[J].长白学刊,2020(2):144-150.

[64] 费孝通.乡土中国[M].上海:上海人民出版社,2019.

[65] 高原.市场经济中的小农农业和村庄:微观实践与理论意义[J].开放时代,2011(12):113-128.

[66] 王萍.村庄转型的动力机制与路径选择[D].杭州:浙江大学,2013.

[67] 胡晓玲.乡村振兴战略与乡村旅游研究[M].武汉:华中科技大学出版社,2019.

[68] 孙昊,金承协,张宇.整体性保护视角下盐城传统村落空间布局及其更新策略初探[J].建筑与文化.2022(10):138-140.

[69] 阮仪三,林林.文化遗产保护的原真性原则[J].同济大学学报(社会科学版),2003,

14(2):1-5.

[70] 朱霞,周阳月,单卓然.中国乡村转型与复兴的策略及路径:基于乡村主体性视角[J].城市发展研究,2015,22(8):38-45.

[71] 徐春成,万志琴.传统村落保护基本思路论辩[J].华中农业大学学报(社会科学版),2015(6):58-64.

[72] 冯淑华.基于共生理论的古村落共生演化模式探讨[J].经济地理,2013,33(11):155-162.

[73] 潜莎娅.基于多元主体参与的美丽乡村更新建设模式研究[D].杭州:浙江大学,2015.

[74] 谢卿超.传统村落的保护与发展问题及策略:以苏州市明月湾村为例[J].城乡建设,2021(3):62-64.

[75] 卓健,郝丹,剧闻,等.市县两级空间协同发展的规划探索:以洛阳为例[J].城市规划学刊,2018(3):96-104.

[76] 秦荣炎.关系叠加视角下的村寨制政治形态:以西南传统侗族村落社会调查为基点[J].云南社会科学,2020(4):11-17.

[77] 许少辉,董丽萍.论乡村振兴战略下传统村落的产业发展[J].民族论坛,2018(2):64-67.

[78] 阎莹.陕北黄土沟壑区传统村落保护与更新研究[D].西安:西安建筑科技大学,2021.

[79] 杨吉."乡村振兴战略"背景下的河南乡村旅游发展问题分析[J].湖北开放职业学院学报,2019,32(7):120-121.

[80] 雷明.深刻把握习近平生态文明思想之"两山"理论[N].中国环境报,2020-09-01(3).

[81] 雷明.推进生态文明建设,坚持三人理念是关键[N].社会科学报,2019-08-01(6).

[82] 林莉.浙江传统村落空间分布及类型特征分析[D].杭州:浙江大学,2015.

[83] 报刊精萃.江西:248个!一批省级传统村落名单公布[EB/OL].(2017-08-21)[2023-07-10].https://www.jxnews.com.cn/djpd/system/2017/08/21/016352174.shtml.

[84] 李松志,李敏,李澜.传统村落保护与发展的困境和路径[J].社会科学动态.2023(1):41-45.

[85] 肖学健,李田,万文娟,等.江西金溪竹桥村明清民居建筑构件装饰与题材研究[J].南方文物,2020(1):270-278.

[86] 余晟华,吴文新,倪振泷.抚州古村落传统文化的保护与利用[J].东华理工大学学报(社会科学版),2018,37(1):1-6.

[87] 黄叶萍.基于环境重置成本法的古旧村落生态产品价值实现研究:以甘南扎尕那为例[D].兰州:兰州财经大学,2022.

[88] 抚州旅游.金溪县红色后龚研学旅行正当时[EB/OL].(2020-10-29)[2023-07-10].https://www.sohu.com/a/428175358_714015.

[89] 抚州市乡村振兴局.金溪后龚村:红绿辉映赋能乡村振兴[EB/OL].(2022-04-28)[2023-07-10].http://fpb.jiangxi.gov.cn/art/2022/4/28/art_30230_3940634.html.

[90] 金溪县人民政府.红色村庄焕发新生 为乡村振兴添彩添色[EB/OL].(2022-06-28)[2023-07-10].http://www.jinxi.gov.cn/art/2022/6/28/art_10559_3847300.html.

[91] 央广网.最美乡村:江西大坊村[EB/OL].(2020-11-22)[2023-4-15].https://baijiahao.baidu.com/s?id=1684046631412211441&wfr=spider&for=pc

[92] 文旅中国.江西金溪游垫村:用数字艺术唤醒一座村庄[EB/OL].(2022-07-25)[2022-10-15].https://www.ccdy.cn/portal/detail?id=1c37374e-4c3e-4aa4-95a1-42ef471da59b.

[93] 中国文化报.用创意点亮传统村落的文旅之路[EB/OL].(2021-5-6)[2022-10-15].https://baijiahao.baidu.com/s?id=16989913429694 87268&wfr=spider&for=pc.

[94] 瑞金市人民政府.金溪旅游从"一枝独秀"变"多点开花"[EB/OL].(2019-07-08)[2023-03-15].http://www.jinxi.gov.cn/art/2022/8/10/art_10576_3861719.html.

[95] 人民日报.古村老屋迎新生[EB/OL].(2022-09-02)[2022-10-15].http://paper.people.com.cn/rmrb/html/2022-09/02/nw.D110000renmrb_20220902_1-13.htm.

[96] 抚州新闻网.金溪游垫古村:激活古村"夜经济"点燃发展新活力[EB/OL].(2022-08-12)[2023-07-10].http://www.zgfznews.com/news.html?aid=640473

[97] 中央政府门户网站.四部门联合指导意见加强中国传统村落保护[EB/OL].(2014-

05-13)[2023-07-10]. https://www.gov.cn/xinwen/2014-05/13/content_2678487.htm.

[98] 国家法律法规数据库. 江西省传统村落保护条例[EB/OL]. (2016-09-22)[2023-07-10]. https://flk.npc.gov.cn/detail2.html? NDAyOGFiY2M2MTI3Nzc5MzAxNjEyODEwYzFjZDUxMjk.

[99] 中国经济网. 《江西省传统村落整体保护规划》出台[EB/OL]. (2021-01-19)[2023-07-10]. https://baijiahao.baidu.com/s? id=1689272398702171773&wfr=spider&for=pc.

[100] 光明网. 江西金溪:"古村贷"破局古村落活化保护 让古村落诗意栖居鲜活绽放[EB/OL]. (2021-06-22)[2023-07-10]. https://m.gmw.cn/baijia/2021-06/22/1302371158.html.

[101] 中国江西网. "拯救老屋行动"金溪古村落将获4000万元资助[EB/OL]. (2017-09-06)[2023-07-10]. http://m.xinhuanet.com/jx/2017-09/06/c_1121612827.htm.

[102] 抚州日报. 抚州市入选全国传统村落集中连片保护利用示范市[EB/OL]. (2020-07-03)[2023-07-10]. http://www.ncnews.com.cn/xwzx/fzzx/202007/t20200703_1599691.html.

[103] 江西省住房和城乡建设厅. 金溪探索古村落保护和活化利用新路径[EB/OL]. (2020-08-18)[2023-07-10]. http://zjt.jiangxi.gov.cn/art/2020/8/18/art_40685_2736089.html.

[104] 江西省财政厅. 江西省传统村落保护利用研究[EB/OL]. (2022-10-11)[2023-07-10]. http://jxf.jiangxi.gov.cn/art/2022/10/11/art_41569_4171380.html.

[105] 江西省人民政府. 让古村落诗意栖居鲜活绽放:看金溪"古村贷"如何破局古村落活化保护[EB/OL]. (2021-06-11)[2023-7-10]. http://www.jiangxi.gov.cn/art/2021/6/22/art_15845_3428930.html

[106] 连城县人民政府. 古村落焕发"新魅力"! 连城打造传统村落集中连片保护利用示范"全国样板"[EB/OL]. (2023-02-11)[2023-7-10]. http://www.fjlylc.gov.cn/xwzx/bdyw/mssh/202302/t20230221_1980848.htm.

[107] 刘沛林,李伯华. 传统村落数字化保护的缘起、误区及应对[J]. 首都师范大学学报(社会科学版),2018(5):140-146.